August Höglinger

ZEIT haben heißt NEIN sagen

Ein Arbeitsbuch zur Selbstorganisation

Verlag A. Höglinger

Die Deutsche Bibliothek - CIP-Einheitsaufnahme

Höglinger, August:
Zeit haben heißt nein sagen : ein Arbeitsbuch zur Selbstorganisation / August Höglinger. - 2. Aufl.. -
Linz, Fröhlerweg 8 : A. Höglinger, 2000
ISBN 3-9501137-0-3

Impressum:

Herausgeber und Verleger - August Höglinger
Gestaltung - Michaela Lindenbauer
Lektorat - Beate Morawek
Satz und Druck - Premedia GmbH

Bestellungen an den Verlag:
Dr. August Höglinger, Fröhlerweg 8, A-4040 Linz
Tel.: ++43(0)732/75 75 77
Fax: ++43(0)732/75 75 77- 4
E-Mail: august.hoeglinger@a1plus.at

ISBN 3-9501137-0-3

Inhaltsverzeichnis

Störungen, Unterbrechungen:

Zeitmanagement:

Tagesplanung:

Vorwort

Dies ist das Buch eines Praktikers, geschrieben für Menschen in der Praxis. Es enthält die komprimierten Erfahrungen aus 25 Berufsjahren, 15 Jahren Trainer-Tätigkeit sowie aus unzähligen Beratungs- und Coaching-Gesprächen mit Menschen aus unterschiedlichsten Branchen und Berufssparten.

Wie ist das Buch entstanden?

Ich halte seit 15 Jahren Seminare zu den Themen Zeitmanagement und Arbeitstechnik.

Im Laufe der Jahre habe ich immer wieder ehemalige Seminarteilnehmer gefragt, was sie von den angebotenen Themen tatsächlich in die Praxis umgesetzt haben. Die Antworten der Teilnehmer waren und sind für mich ein Leitfaden bei der Konzeption meiner Seminare:

1. Ich habe meine Seminarinhalte inhaltlich ständig angepasst, um sie möglichst praxisnah und umsetzungsorientiert zu gestalten.

   Das Buch gibt Antworten auf die am häufigsten genannten Themen und Probleme der Seminarteilnehmer.

2. Die Teilnehmer haben in meinen Seminaren gelernt, effizienter mit ihrer Zeit umzugehen, aber vieles wurde dennoch nicht umgesetzt. Es war ihnen nicht möglich, die frei gewordene Zeit wirklich sinnvoll zu nutzen. Sie konnten es nicht, weil sie NICHT NEIN SAGEN konnten. Sie arbeiteten genauso wie vorher 12 bis 15 Stunden am Tag, mit dem Unterschied, dass sie mehr Arbeit in der gleichen Zeit erledigten.

   Seit diesem Zeitpunkt ist NEIN SAGEN und GRENZEN SETZEN zu einem fixen und wichtigen Bestandteil meiner Seminare geworden.

ZEIT HABEN und NEIN SAGEN gehören zusammen

Zeit haben wir alle im Leben, jeder hat 24 Stunden pro Tag und bei einer durchschnittlichen Lebenserwartung von 75 Jahren sind das ca. 657.000 Lebensstunden. Für jeden einzelnen von uns stellt sich die Frage: *„Wie verwende ich meine Zeit? Was tue ich mit dieser, meiner Zeit?“* Dabei spielt das NEIN SAGEN eine bedeutende Rolle.

Wenn wir nicht in der Lage sind, NEIN zu sagen,

- NEIN zu unwichtigen Dingen, die nur viel Zeit kosten und nichts Essenzielles bringen,
- NEIN zur Verschwendung von wertvoller Zeit durch ineffektives Arbeiten, Desorganisation, ungeplantes Tun, Schreibtischchaos u.a.m.,
- NEIN zu unangebrachten Forderungen der Mitmenschen,
- NEIN zu ... (Bitte fortsetzen: *Wozu würden Sie gerne NEIN sagen?*),

dann werden wir nie genügend Zeit haben für ... (für all das, was wir uns immer vorstellen, wenn wir nicht so getrieben, so gestresst und so gehetzt wären).

Halten Sie einen Moment inne und überlegen Sie, wofür/wozu Sie gerne mehr Zeit hätten. *Was würden Sie gerne tun, wenn Sie mehr Zeit hätten?*

Wenn ich mehr Zeit hätte, würde ich ...

① Linksgeige lernen
② Ungarisch lernen
③ in die Staatbibliothek gehen
④ nähen
⑤ ......

NEIN SAGEN und Berufswelt

Ich habe mein Hauptaugenmerk beim NEIN-SAGEN auf die Berufswelt gerichtet, da die Arbeitszeit einen Großteil unseres wachen Lebens ausmacht. Wenn wir lernen, im Berufsleben NEIN zu sagen, NEIN zu allem, was für uns nicht wichtig und wesentlich ist, dann gewinnen wir eine Menge wertvolle Zeit. Zeit, die wir für all das nutzen können, was uns im Leben wichtig und wertvoll ist. Zeit für uns selbst, für unsere Familie, für Freunde, für erfolgversprechende Projekte in der Arbeit usw.

Das Einsparungspotenzial an Zeit bzw. Kosten liegt je nach Organisiertheitsgrad bei 5% bis 30%. So bringen bereits 5% Zeitersparnis einem Unternehmen eine Kosteneinsparung von ATS 25.000,-- (ca. Euro 1.815,--) jährlich pro Mitarbeiter.

NEIN SAGEN im Privatleben

Gelingt es uns, im Berufsleben mehr NEIN zu sagen, dann haben wir auch automatisch etwas für unser Privatleben gelernt.

1. Wir werden besser auf unsere Grenzen achten, was wichtig für das persönliche Wohlbefinden ist.
2. Wir werden weniger „ungewollte" JAs sagen und folglich mehr Zeit für uns selbst haben. Zeit, die wir dazu nutzen können, um
   a) unsere eigenen Bedürfnisse zu befriedigen,
   b) das zu tun, was uns Freude macht und was uns gut tut.

Danke!

Besonders danken möchte ich Frau Dipl.-Ing. Michaela Lindenbauer für die großartige Unterstützung bei der Textierung und Gestaltung dieses Buches.

Und ich bedanke mich bei meinen vielen Seminarteilnehmern und Gesprächspartnern, die mir wertvolle Tipps, Anregungen und Ideen geliefert haben.

Linz, im Dezember 1999

August Höglinger

Leitfaden zur Verwendung des Buches

Bitte lesen Sie zuerst den Leitfaden, damit Sie den größtmöglichen Nutzen aus dem Buch ziehen können.

Mein persönlicher Coach:

Dieses Buch ist kein reines Lesebuch, das Sie wie einen Roman zur Hand nehmen, durchlesen und wieder beiseite legen. Im Vordergrund steht hier das TUN. Sie profitieren am meisten, wenn Sie möglichst viele der angebotenen Methoden und Vorschläge unmittelbar in die Praxis umsetzen. *Wissen allein reicht nicht aus. Erfolgreich ist derjenige, der etwas daraus macht.*

Betrachten Sie das Buch als Ihren persönlichen Berater/Coach, der Sie über einen längeren Zeitraum begleitet - im Optimalfall ist das ein Jahr.

Wie ist das Buch aufgebaut?

Das Buch besteht aus 52 Arbeitsblättern (für die Wochen des Jahres), die folgenden Sachgebieten zugeordnet sind:

1. Schreibtischorganisation
2. Ablageorganisation
3. Selbstorganisation
4. NEIN sagen, Grenzen setzen
5. Störungen, Unterbrechungen
6. Zeitmanagement
7. Tagesplanung

Jedes Arbeitsblatt behandelt einen Teilaspekt eines der sieben Hauptthemen und ist in sich abgeschlossen. Da die Themen eines Sachgebietes teilweise aufbauend sind, empfehle ich, die vorgeschlagene Reihenfolge (Wochenfolge) beim Durcharbeiten einzuhalten.

Die Themenschwerpunkte wurden „verstreut“ und nicht kompakt abgehandelt, damit Sie sich gezielt mehrfach mit einer Thematik auseinandersetzen.

Wiederholungen, Wiederholungen:

Nur ständige Wiederholungen machen eine Sache erst zur Gewohnheit. Etwas gewohnt sein heißt: Wir müssen uns nicht ständig daran erinnern, wir tun es automatisch und unbewusst. Alles, was wir sozusagen automatisch tun, ist leicht und mühelos. Erinnern Sie sich noch, wie mühsam das Autofahren zu Beginn war und wie leicht es heute geht, da es automatisiert und zur Gewohnheit geworden ist.

Aus diesem Grund habe ich gezielt viele Wiederholungen eingebaut, damit Sie immer und immer wieder daran erinnert werden, d.h.:

1. Themen werden mehrfach in abgewandelter Form behandelt.
2. Zur Auffrischung sind am Ende jedes Arbeitsblattes Wiederholungsfragen gestellt, die sich auf Inhalte aus vorherigen Arbeitsblättern beziehen.

Wie Sie das Buch optimal nutzen:

Nehmen Sie jede Woche ein Arbeitsblatt zur Hand. Konzentrieren Sie sich eine Woche lang nur auf diesen Themenschwerpunkt. Greifen Sie jene Anregungen und Vorschläge heraus, die für Sie brauchbar erscheinen und setzen Sie diese in die Praxis um. Probieren Sie die Methoden einfach aus und entscheiden Sie dann, ob diese für Sie nützlich sind oder nicht.

Am Ende des Buches finden Sie Notizblätter. Notieren Sie sich wichtige Gedanken und Ideen, damit Sie später darauf zurückgreifen können.

Beim Verändern schrittweise vorgehen!

Häufig wollen wir zu viel auf einmal verändern. *„Ab morgen mache ich alles ganz anders"* ist meist zum Scheitern verurteilt und schneller als uns recht ist, fallen wir wieder in die alten Verhaltensmuster zurück.
Gehen Sie daher lieber Schritt für Schritt vor und richten Sie Ihre Aufmerksamkeit voll und ganz auf das ausgewählte Wochenthema. Es mag zwar etwas langsamer vorangehen, aber der Erfolg ist dafür um so nachhaltiger und sicherer.

Ich wünsche Ihnen als Ihr persönlicher Begleiter ...

... viel Spaß beim Durcharbeiten des Buches
... eine Menge neuer Erkenntnisse
... ein großes Durchhaltevermögen
und
... als Ergebnis und Folge Ihres Tuns

mehr Zeit und Lebensqualität.

Ich freue mich über Ihre Fragen, Anregungen, Erfahrungsberichte, ...

....

....

....

....

....

....

....

August Höglinger
Fröhlerweg 8
A-4040 Linz
Fax: ++43(0)732/75 75 77-4

Männliche/weibliche Form der Anrede:

Ich habe aus Gründen der besseren Lesbarkeit und damit der Verständlichkeit des Textes nur eine Form der Anrede gewählt und zwar die männliche, weil sie die gängigere Form ist. Diese steht stellvertretend für beide Geschlechter. Ich bitte alle meine Leserinnen und Leser um ihr Verständnis.

„Leertischler" entlasten ihren Kopf

Der ganz „normale" Schreibtisch-Arbeitsplatz

Die „chaotische" Schreibtisch-Organisation prägt in vielen Büros das Bild des Schreibtisch-Arbeitsplatzes.

Es türmen sich Stapel von Papieren und Dingen,

- die wir für unsere momentane Aufgabe, für in Arbeit befindliche oder zukünftige Projekte benötigen,
- die wir früher gebraucht haben und die längst abgelegt gehörten,
- die irgendwann auf unserem Schreibtisch gelandet sind und von dort den Weg nicht mehr weggefunden haben.

Alte Zeitschriften sind genauso zu finden wie ein schon längst nicht mehr aktuelles Angebot oder ein Prospekt aus dem Vorjahr. Auf der vorvorletzten Version der Telefonliste liegt eine handschriftliche Notiz eines Telefonats von vor drei Wochen, die noch immer der Erledigung harrt.

Und jeder Neuzugang, ob Post, Fax oder Rundschreiben wird einfach auf einen freien Platz oder einen Papierstapel gelegt.

Gründe für das Liegenlassen auf dem Schreibtisch:

- Angst, auf etwas zu vergessen
- eine noch nicht getroffene Entscheidung
- ausgeprägter Sammlertrieb
- kein sonstiger Platz
- keine Zeit zum Ablegen

Konsequenzen der „chaotischen" Organisation

Ein Griff und die Suche beginnt.

- mangelnder Überblick
- lange Suchzeiten (*„Ich hab´ den Brief doch da irgendwo hingelegt!?"*)
- unter den Papierbergen geht Wichtiges verloren
- die ständige *Last* von Arbeit vor Augen stellt eine psychologische Be*last*ung dar

Es gibt sicherlich sog. kreative „Chaoten", die das Chaos brauchen, um sich wohl zu fühlen und nur im organisierten Chaos ihre Leistung erbringen können.

Wenn jedoch nicht nur Ihr Schreibtisch, sondern auch Sie unter der Last der Papierüberfülle stöhnen, dann ist es an der Zeit, ein **„Leertischler"** zu werden.

Der Schreibtisch eines „Leertischlers"

Aus den Augen aus dem Sinn.

- Der „Leertischler" hat einen möglichst „leeren" und aufgeräumten Schreibtisch.
- Auf dem Tisch befinden sich nur jene Dinge, die er ständig in Gebrauch hat.
- Er konzentriert sich voll und ganz auf die Aufgabe, die er gerade auszuführen hat.
- Der Rest verschwindet aus seinem unmittelbaren Blickfeld und wandert in die Ablagen, in den Schreibtisch oder in die Regale.

Die funktionalen Bereiche eines Schreibtisches

Alles, was ich gerade, rasch bzw. oft brauche, befindet sich in Griff-, Reich- oder Streckweite.

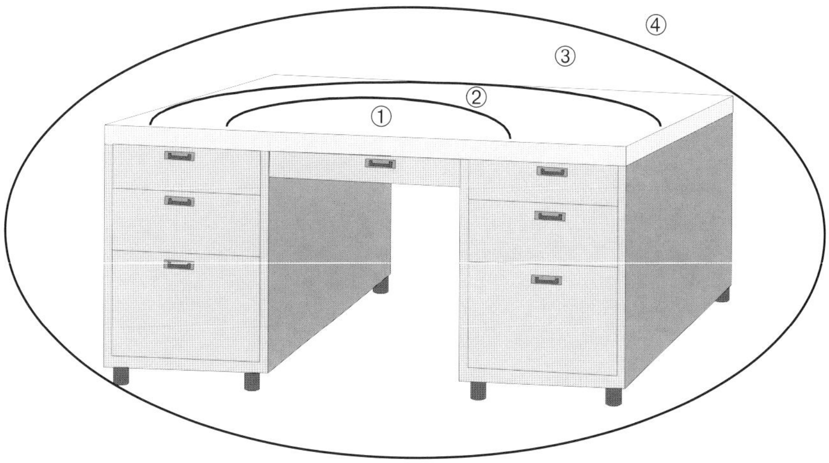

Bereich	Abgrenzung	Was gehört in den Bereich?
① **Griffbereich**	jener Bereich, der von einer davor sitzenden Person mit abgewinkelten Armen erreicht werden kann (bis ca. 30 cm)	hier liegt nur die zu erledigende Aufgabe und sonst nichts
② **Reichbereich**	Zone im Bereich des ausgestreckten Armes	alle Hilfsmittel, die rasch und oft benötigt werden wie Telefon, Taschenrechner, PC, Kalender, Schreibutensilien, ...
③ **Streckbereich**	Zone, die eine vor dem Schreibtisch sitzende Person nur durch Beugen des Oberkörpers mit ausgestreckten Armen erreicht	u.a. Briefkörbe für Posteingang und Postausgang
④ **Holbereich**	Bereich, den man durch Aufstehen erreicht	Sachen, die von Zeit zu Zeit mal verwendet werden, wie Literatur, seltener gebrauchte Akten usw.

Zeigen Sie Mut zum Wegwerfen.

Zum „Leertischler“ werden:

- Räumen Sie alles weg vom Schreibtisch, was Sie weder rasch noch häufig brauchen und was Sie nicht gerade zur momentanen Arbeit benötigen.
- Zeigen Sie dabei Mut zum Wegwerfen. Falls Ihnen dieser Mut noch fehlt, räumen Sie alles in eine Schachtel (als Vorstufe zum Papierkorb).

❶ Welche Sachen stören mich auf meinem Schreibtisch?
❷ Was könnte ich näher platzieren, damit ich nicht ständig aufstehen muss?
❸ Habe ich die abzulegenden Unterlagen in die Ablage getan?

Das Wiedervorlagesystem

Aus Angst, eine Arbeit zu vergessen, lassen wir vieles auf dem Schreibtisch liegen.

Das hier vorgestellte **System der Wiedervorlage**
- lässt Sie keine Arbeit vergessen,
- hilft Ihnen, die Arbeitslast aus den Augen zu bekommen,
- verschafft Ihnen Überblick,
- macht Sie zum „Leertischler", d.h. Sie bekommen einen freien Schreibtisch.

Sie benötigen dazu mindestens **3 Briefkörbe** (oder mehr - je nach Bedarf) auf dem Schreibtisch.

EIN	AUS	LESESTOFF
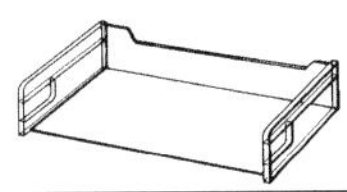	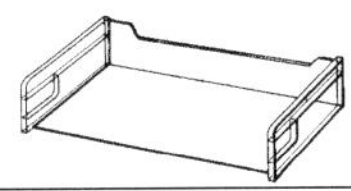	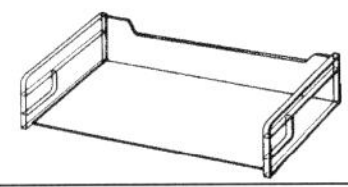
♦ der Inhalt aus der Wiedervorlage des aktuellen Tages (siehe dazu unten) ♦ die Eingangspost ♦ sämtliche Schriftstücke von Kollegen, Mitarbeitern, Chefs	♦ die Ausgangspost ♦ alles, was abzulegen ist ♦ Informationen an Kollegen, Mitarbeiter, Chefs	♦ alles, was nicht sofort gelesen werden muss (z.B. Zeitschriften, Rundläufe)

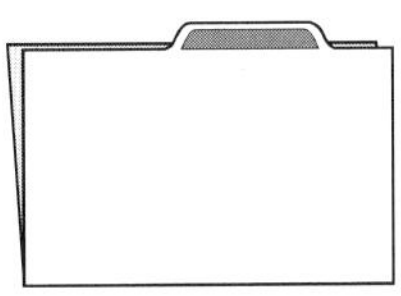

Die Mappen werden mit Beschriftungsschildchen versehen.

Weiters benötigen Sie eine **Hängeregistratur mit Mappen**, die im Schreibtisch eingebaut ist oder auch als Box auf den Tisch gestellt werden kann. Anstelle von Mappen kann auch ein **Pultordner** (= Unterschriftenordner) verwendet werden.

A-Projekt ③ Februar ② 14 ①

0			1			2			3			4		
A	B	C	D	E	F	G	H	IJ	K	L	M	N	O	P
IJ-S	K-Sch	L-St	M-T	N-U	O-V	PQ-W	R-XYZ							
1 27	2 28	3 29	4 30	5 31	6 32	7 33	8 34	9 35	10 36	11 37	12 38	13 39	14 40	15 4

Ein mögliches Einteilungs-System:

① **Tagesmappen 1 bis 31:** ➪ eine Mappe für jeden Tag des Monats

② **Monatsmappen Jan. bis Dez.:** ➪ eine Mappe für jeden Monat des Jahres

③ **Projektmappen:** ➪ für jedes Projekt eine eigene Mappe

Andere Arten der Einteilung:
- eine Mappe pro Kalenderwoche, wenn Sie in Kalenderwochen und nicht in Monaten planen
- Montag bis Freitag, d.h. eine Mappe für jeden Tag der Woche

Mappenstrukturierung gemäß *Orga-Plan*-Mappen.

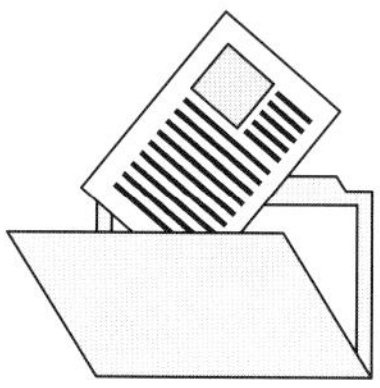

Der Schreibtisch wird leer

1.	Alle Schriftstücke, die normalerweise auf dem Schreibtisch liegen, werden in die **Tages-, Monats- oder Projektmappen** gesteckt.
2.	Ist etwa eine Aufgabe am 14. des Monats zu erledigen, dann werden die entsprechenden Schriftstücke, Akten in die **Tagesmappe** mit der Nummer 14 gelegt (z.B. eine fällige Rechnung, der Projektabschlussbericht für ABC usw.).
3.	Die **Monatsmappen** werden mit Aufgaben gefüllt, die in späteren Monaten zu erledigen sind (z.B. der Halbjahresbericht an die Geschäftsleitung im Juni, die Adressliste für die Weihnachtsgrüße im Dezember).
4.	In den **Projektmappen** werden alle Unterlagen gesammelt, die ein Projekt betreffen.

Bearbeitungsablauf:

Ein rotierendes System sorgt dafür, dass Sie nichts vergessen.

1. Am 14. des Monats wird die Mappe mit der Nummer 14 aus dem Schreibtisch genommen und der gesamte Inhalt wandert in den Briefkorb EIN.
2. Die entleerte Mappe wird in einem rotierenden System hinter die letzte Mappe der Schreibtisch-Hängeregistratur gesteckt (in diesem Fall hinter die Nummer 13). Auf diese Weise haben Sie als vorderste Mappe immer jene, die noch nicht bearbeitet ist.
   Wenn also etwa am 14. die vorderste Mappe die Nummer 12 trägt, dann müssen Sie die Mappen 12 - 14 durcharbeiten (so der Fall, weil Sie zwei Tage auf Dienstreise waren oder weil der 12. und 13. auf ein Wochenende fielen).
3. Der Inhalt des Briefkorbes EIN wird dann vollständig durchgearbeitet.
4. Eine Arbeit nach der anderen wird dem Briefkorb EIN entnommen, auf dem Schreibtisch bearbeitet und
   a) wandert entweder in den Briefkorb AUS bzw. wird sofort abgelegt
   oder
   b) kommt erneut in die Wiedervorlage, um zu einem späteren Zeitpunkt weiterbearbeitet zu werden.

Monatsmappen werden ca. um den 20. des Monats aufgeteilt:
Das heißt: Am 20. Jänner teilen Sie die Monatsmappe vom Februar auf die Tagesmappen 1 bis 31 auf und stecken diese dann hinter die Jänner-Mappe wieder in die Hängeregistratur.

Jede **neu hinzugekommene Arbeit** wird ebenfalls entsprechend dem Termin in die Wiedervorlage gesteckt.

❶ Habe ich meinen Schreibtisch aufgeräumt?
❷ Was gehört schon längst weggeworfen? Als Anregung: defekte Hilfsmittel, nicht mehr funktionstüchtiges Schreibgerät, störende Ziergegenstände.
❸ Habe ich mir schon Briefkörbe organisiert?

Die Post flattert auf meinen Schreibtisch

Für eine rationelle Postbearbeitung brauchen Sie drei Ablagefächer/ Briefkörbe.

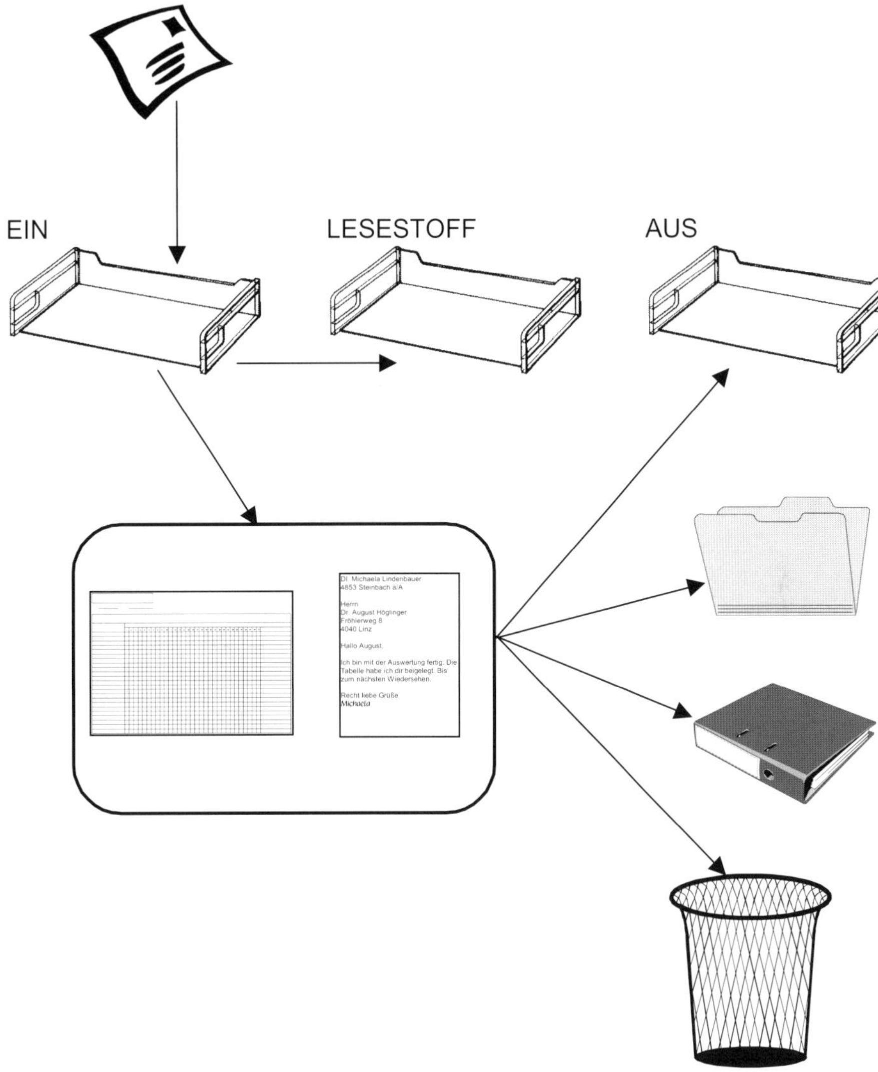

Ablauf bei der Postbearbeitung

Die Post hat einen bestimmten Platz auf dem Schreibtisch.

1. Die gesamte Eingangspost gehört in das Fach EIN (= Eingangs-Briefkorb).

In dieses Fach gehören auch Faxe, sämtliche interne Firmenpost, Mitteilungen, Telefonzettel, Akten, Informationen - also all das, was uns Kollegen und Mitarbeiter an Schrift- und Sachmaterial zukommen lassen.

Keinesfalls sollte die Post irgendwohin auf den Schreibtisch „flattern". Dafür gibt es einen fixen Platz, und das ist das Eingangsfach.

2. **Bevor wir die Eingangspost bearbeiten, ordnen wir sie nach Wichtigkeit. Die wichtigste Post liegt obenauf.**

   Lesestoff wandert gleich in das **Fach LESESTOFF** zur späteren Begutachtung.

Kein Schriftstück verlässt ohne Bearbeitung oder Bearbeitungsvermerk den Schreibtisch.

3. **Das oberste (und wichtigste) Schriftstück wird aus dem Eingangskorb genommen, auf den Schreibtisch gelegt und bearbeitet.**

   Jedes Schriftstück wird bearbeitet oder erhält einen Bearbeitungsvermerk. Ein Schriftstück nur zu lesen und es dann zwecks späterer Bearbeitung wegzulegen, ist nicht sehr rationell.

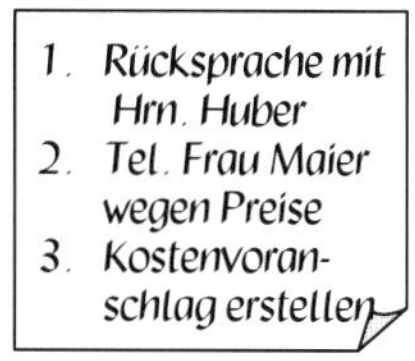

   Notieren Sie sich **Bearbeitungsvermerke** auf dem Schriftstück, sei es auf einem aufgeklebten Post-it oder auf einem dazugehefteten Zettel. Dann sparen Sie Zeit, wenn Sie die Unterlagen später wieder zur Hand nehmen.

4. **Nach der Bearbeitung kommt das Schriftstück**

   a) in das **Fach AUS** (zwecks Versand, zur Weiterleitung an Kollegen, Mitarbeiter und andere Abteilungen, zum Ablegen),

   b) direkt in die **Ablage,**

   c) in die **Wiedervorlage** (mit einem Bearbeitungsvermerk) oder in die entsprechende **Projektmappe**, falls die Arbeit nicht sofort bzw. vollständig zu erledigen ist oder

   d) in den **Papierkorb**, wenn ein Aufbewahren nicht notwendig ist.

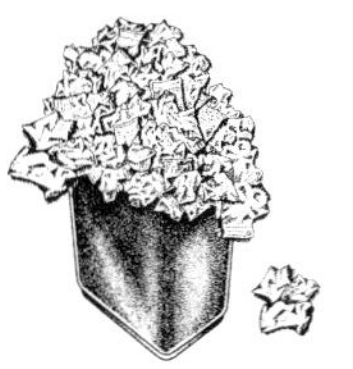

Der Papierkorb möchte „gefüttert" werden

Verwenden Sie viel häufiger als bisher den Papierkorb als „Ablage", denn in den meisten Büros wird viel zu viel gesammelt.

✔ Tipp

Nicht alles sofort lesen - der Lesestoff hat Zeit!

Heben Sie sich das Durcharbeiten des Lesestoffs für Zeiten auf, wo Sie sich eher im Leistungstief befinden - also etwa nach der Mittagspause oder wenn Sie zwischendurch einmal Abstand gewinnen wollen, weil Sie bei einer Arbeit gedanklich nicht weiterkommen.

❶ **Ähnelt mein Schreibtisch bereits dem eines „Leertischlers"?**
❷ **Von welchem Ballast könnte ich mich noch befreien?**
❸ **Verwende ich das Wiedervorlagesystem?**

Störungen sägen an meiner Leistung

Störungen und Unterbrechungen gehören zum Arbeitsalltag:

Störungen von außen	Störungen durch uns selbst
die Sekretärin bringt die Post; der Chef möchte etwas wissen; das Telefon klingelt; ein Vertreter besucht uns unangemeldet; ein Mitarbeiter hat eine Frage; ein Kollege schaut auf einen Plausch vorbei usw.	wir greifen spontan zum Telefonhörer, weil uns gerade eingefallen ist, dass wir das Finanzamt noch anrufen müssen; wir gehen innerlich auf Gedankenreise, weil die Arbeit, die gerade zu erledigen ist, so unbequem ist usw.

Nicht alle Störungen und Unterbrechungen können vermieden werden, vor allem wenn sie von außen kommen, aber wir sollten uns bewusst sein, dass Arbeitsunterbrechungen die Leistungsfähigkeit mehr oder minder stark einschränken und damit eine kostspielige Angelegenheit sind.

Der Sägeblatt-Effekt

Jede Arbeit benötigt eine gewisse Rüstzeit sowie eine Anlaufzeit, bevor Sie Ihre volle Leistung bringen. Sie benötigen Unterlagen und Hilfsmittel, sie müssen Ihre Gedanken sammeln, sich innerlich auf die Aufgabe einstellen und sich in die Sache hineindenken.

Unterbrechungen und Störungen bewirken, dass
- Sie erneut eine Anlaufzeit benötigen,
- die Anlaufzeit von Störung zu Störung größer wird,
- mit jeder neuerlichen Unterbrechung die Leistungsfähigkeit sinkt.

Jede Störung und Unterbrechung vermindert die Arbeitsleistung und Effizienz.

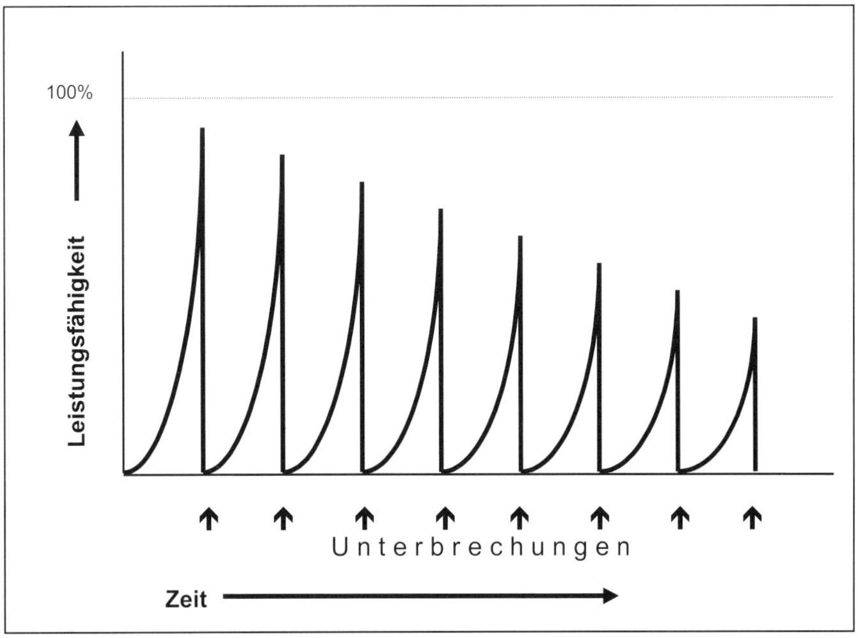

Sägeblatt-Effekt in Anlehnung an *Lothar J. Seiwert.*

Die Tagesleistungs- und Tagesstörkurve

Tagesleistungs-kurve nach REFA-Norm

Tagesstörkurve

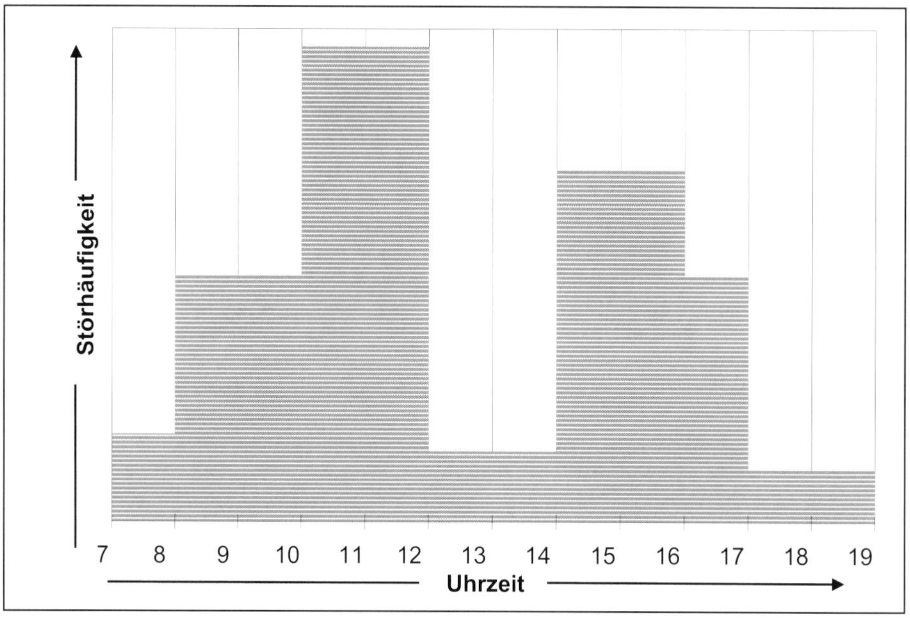

Störungen treten meist dann auf, wenn Sie am leistungsfähigsten sind - die anderen sind es nämlich dann auch.

Wie sieht Ihre Leistungs- bzw. Störkurve aus?

Erstellen Sie Ihre persönliche Tagesleistungs- und Tagesstörkurve bzw. Wochenstörkurve.

❶ Verwende ich für meine Postbearbeitung Briefkörbe?
❷ Bearbeite ich ein Schriftstück möglichst nur einmal bzw. notiere ich Bearbeitungshinweise?
❸ Habe ich die Arbeitshilfsmittel günstig platziert (Griff-, Reich-, Streck-, Holbereich)?

Sich Zeit für ungestörtes Arbeiten organisieren

Wie verschaffe ich mir Zeit für ungestörtes Arbeiten?

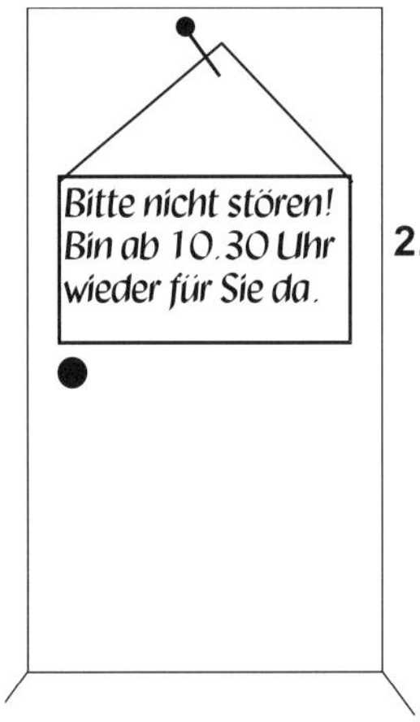

1. **Arbeiten Sie antizyklisch**
   Arbeiten Sie dann an wichtigen Aufgaben, wenn andere erfahrungsgemäß am wenigsten stören:
   - am Morgen vor dem offiziellen Arbeitsbeginn, z.B. zwischen 7 und 8 Uhr
   - verlegen Sie Ihre Mittagspause - arbeiten Sie, wenn andere auf Mittag sind
   - in den frühen Abendstunden

2. **Die stille Stunde**
   Vereinbaren Sie Zeiten, wo Sie nicht gestört werden möchten:
   a) eine fixe Zeit jeden Tag
      (wenn Sie Ihr Leistungshoch haben)
   b) bei Bedarf - indem Sie etwa ein Schild an die Tür hängen, wann Sie wieder erreichbar sind.
   Nach Möglichkeit sollte in dieser Zeit auch das Telefon nicht läuten (Telefon ins Sekretariat oder zu Kollegen umleiten).

Maßnahmen zur Reduktion von Störungen

Sie müssen nicht immer erreichbar sein.

1. **Zeiten der Erreichbarkeit reduzieren**
   Grundsätzlich ist es nicht notwendig, zu jeder „Tages- und Nachtzeit“ erreichbar zu sein. Für jemanden, der Sie kontaktieren möchte, ist viel wichtiger, dass Sie zu bestimmten Zeiten relativ sicher für ihn da sind. Kollegen, Mitarbeiter und Kunden gewöhnen sich sehr rasch daran (➪ Erziehungseffekt).

2. **Die Zahl der Störungen minimieren**
   Beispiel: Bitten Sie Ihre Kollegen, Besprechungspunkte zu sammeln und in einem Gespräch zu bearbeiten.

Abhilfe schaffen bei Störungen - konkrete Tipps

Störquelle	Maßnahme
Telefon	♦ fixe Telefonzeiten einführen (von 9-12, 13-15 Uhr) ♦ Telefon umstellen ins Sekretariat oder zu Kollegen ♦ dem Anrufer mitteilen, wann Sie am besten erreichbar sind (z.B.: *„Sie können mich telefonisch am besten zwischen 10 und 12 Uhr erreichen.“*) ♦ am Telefon kurz fassen, kurze Notiz schreiben und Rückruf anbieten, damit Sie nicht zu sehr aus der Konzentration gerissen werden ♦ Anrufbeantworter, Mailbox einschalten ➪ dabei bitte beachten: zuverlässig zurückrufen
E-Mails	♦ zwei- bis dreimal am Tag zu fixen Zeiten lesen

Störquelle	Maßnahme
Kollege dienstlich	♦ gemeinsame Zeiten für gegenseitige Rückfragen vereinbaren ♦ interne Notiz mit Bitte um Antwort verfassen ♦ sammeln von Besprechungspunkten, dann einmal stören anstelle von mehreren Einzelunterbrechungen
Kollege privat	♦ abblocken - auf Pause verweisen (z.B.: *„Kurt, erzählst du mir das bitte beim Mittagessen, ich bin mit einer wichtigen Arbeit beschäftigt.“*) ♦ Kaffeefrühstück einführen (z.B.: ¼ Stunde am Vormittag, wo alle Kollegen gleichzeitig das Bedürfnis nach privatem Austausch stillen können) ♦ öfter nach Dienstschluss etwas gemeinsam unternehmen
Chef	♦ den Chef bitten, dass er seine offenen Fragen und Punkte sammelt (z.B. in einer Mappe) und einmal täglich bespricht
Mitarbeiter	♦ Informationen sammeln ♦ tägliche bzw. wöchentliche Fixbesprechung einführen
Lieferanten, Vertreter, Besucher	♦ nur zu bestimmten festgelegten Zeiten empfangen ♦ nur nach Terminvereinbarung
Kunden ⇨ als willkommene Unterbrechung	♦ dem Kunden fixe Zeiten anbieten, wo Sie für ihn da sind ♦ möglichst um vorherige Terminvereinbarung bitten

Stellen Sie Ihre häufigsten Störquellen fest

Führen Sie einige Tage lang Protokoll darüber, wer Sie wann stört und überlegen Sie, welche Maßnahmen Sie dagegen ergreifen könnten:

Oft genug stören wir uns selbst.

Störquelle	Häufigkeit	Wann? (Stunde)	Bemerkung
Chef	II	9,11	
Kollegen	III	8,8,10	*Tratsch*
Mitarbeiter	IIII	10,10,11,14	*3-mal wegen desselben Projekts*
Besucher	I	11	*unangemeldet*
Telefon	~~IIII~~ II	8,8,8,9,9,11,14,15	*2-mal privat*
ICH	IIII	9,10,10,10	*spontanes Telefonat, plaudern, Kaffee trinken*
...			

❶ **Weiß ich, zu welcher Tageszeit ich mein Leistungshoch habe?**
❷ **Wann kann ich relativ ungestört wichtige Arbeiten erledigen?**
❸ **Habe ich meine Kollegen und Mitarbeiter darüber informiert, wo mein Eingangs-Fach für Post und Unterlagen ist?**

Mich selbst und andere weniger stören

Ich bin meine eigene Störquelle

Nicht nur Kollegen, Besucher und Telefonanrufe sind eine Quelle der Arbeitsstörung. Häufig sind wir selbst unsere größte Störquelle.

Oftmals beginnen wir mit einer Arbeit, plötzlich fällt uns etwas ein und wir unterbrechen unmittelbar die angefangene Arbeit, um uns der **„Störquelle aus dem Inneren"** zu widmen.

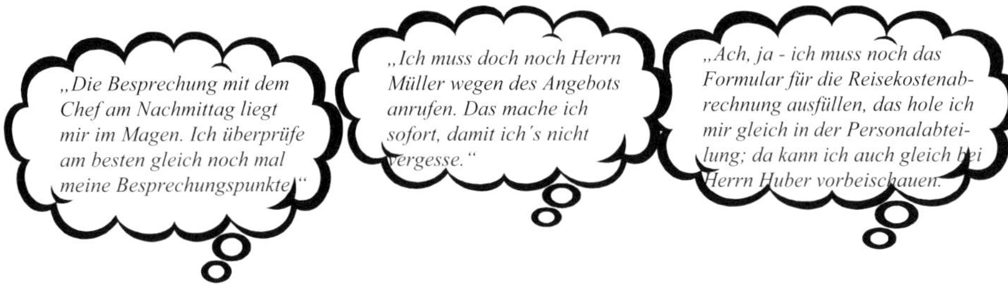

Es lässt sich nicht verhindern, dass Gedanken und Ideen kommen, die mit der gerade zu erledigenden Arbeit nichts zu tun haben, aber es liegt an uns, wie wir mit dieser Störung umgehen. Was können wir tun?

Konsequent immer wieder zur unterbrochenen Aufgabe zurückkehren.

1. **Notizblock auf dem Schreibtisch**
   Legen Sie sich einen **Notizblock** (z.B. einen College-Block) auf den Schreibtisch. Wenn ein Gedanke kommt, der nicht vergessen werden darf, eine kurze Notiz und schon geht´s weiter mit der unterbrochenen Arbeit.

2. **Sorgenzeit einführen**
   Wenn Ihre Gedanken um ein Problem kreisen, sagen Sie sich innerlich, dass Sie sich später damit beschäftigen werden (z.B. nachdem die Aufgabe erledigt ist, am Abend zu Hause). Das sollten Sie dann auch wirklich tun, denn sonst tauchen Ihre Problemgedanken immer wieder zu einem unerwünschten Zeitpunkt auf.

✔ Tipp

Ordnung fördert Konzentration

Gestalten Sie Ihren Arbeitsplatz so, dass Sie sich wohlfühlen. Je wohler Sie sich fühlen, desto besser können Sie Ihre Aufmerksamkeit auf die zu erledigende Aufgabe richten.

Räumen Sie unerledigte Arbeiten sowie alles, was Sie sonst noch ablenken könnte bzw. was Ihre Stimmung drückt, aus dem Blickfeld, denn all das stört Ihre Konzentration.

Aufschreiben hilft, das Gehirn zu entlasten.

Schreiben Sie auf, was Sie nicht vergessen dürfen, dann braucht Sie Ihr Unterbewusstes nicht ständig daran zu erinnern.

Was kann ich tun, damit ich andere weniger störe?

Fragen und Informationen sammeln und en bloc besprechen.

1. Störungen konzentrieren.
   Sammeln Sie Informationen und Fragen und stören Sie nur einmal.

   Sie könnten beispielsweise für jeden Mitarbeiter, für Kollegen oder Abteilungen Mappen oder Ablagefächer anlegen, in denen Sie die Fragen und Informationen sammeln, die für die jeweilige(n) Person(en) bestimmt ist/sind.

2. Nicht jede Information muss mündlich mitgeteilt werden. Kommunizieren Sie mehr in schriftlicher Form.

3. Gespräche, Telefonate gut vorbereiten -
   dann passiert es weniger häufig, dass Sie später nochmals stören müssen, weil Sie etwas vergessen haben.

4. Privates in den Pausen, zu Mittag oder nach der Arbeit besprechen.

5. Private Telefonate in der Mittagspause erledigen.

Die Zeit der Mitmenschen achten und wertschätzen.

6. Achten Sie die Zeit Ihrer Mitmenschen und fragen Sie immer zuerst nach, ob der andere für Sie jetzt Zeit hat.
   „Darf ich kurz stören? Haben Sie ein paar Minuten Zeit für mich?“

Warum störe ich andere Personen bei ihrer Arbeit?

Beobachten Sie sich selbst einige Zeit lang, wann und bei welcher Gelegenheit Sie andere Personen (häufig) stören. Hier einige der Gründe:

- ❒ ich habe gerade so eine unangenehme Arbeit zu erledigen, die mich gar nicht freut
- ❒ ich brauche eine Auskunft
- ❒ ich will eine Information weitergeben
- ❒ ich bin zu bequem, um selber nachzudenken bzw. in den Unterlagen nachzuschauen
- ❒ ich war bei einem Gespräch, Telefonat nicht gut vorbereitet und habe eine Frage, eine Mitteilung, eine Information vergessen zu erwähnen
- ❒ ich müsste in einer Angelegenheit entscheiden, weiß aber nicht wie - deshalb lenke ich mich durch ein Gespräch ab
- ❒ ich komme gerade bei meiner Aufgabe nicht weiter
- ❒ ich habe momentan nichts Bestimmtes zu tun, mir ist ziemlich langweilig
- ❒ mich drückt ein Problem (beruflich oder privat), das ich loswerden möchte

Welche Konsequenzen ziehen Sie aus diesen Erkenntnissen? Was werden Sie tun, damit Sie Ihre Umgebung in Zukunft weniger oft stören?
Ich störe andere weniger, indem ich .....

❶ Habe ich schon meine stille Stunde eingeführt?
❷ Nutze ich die Vorteile eines Wiedervorlagesystems?
❸ Schütze ich mich vor unnötigen Störungen?

Zeit ist kostbar - auch beim Telefonieren

Bereiten Sie jedes Telefonat gut vor

Die Zeit für das Vorbereiten ist gut investiert. Sie gelangen in wesentlich kürzerer Zeit und mit mehr Erfolg an Ihr Ziel.

1.	Was will ich mit dem Gespräch erreichen? Welches Ziel verfolge ich?
2.	Wen will ich anrufen? (Name, Abteilung, Funktion, Telefonnummer mit Durchwahl)
3.	Wann rufe ich an? Zu welcher Zeit ist der Gesprächspartner am besten erreichbar? (Bürozeiten, Gleitzeiten, Mittagspausen beachten) Gibt es festgelegte Telefonzeiten?
4.	Welche Fragen will ich stellen? Welche Punkte will ich behandeln? Welche Informationen will ich weitergeben? ➪ Stichworte notieren, damit dann während des Gesprächs auf nichts vergessen wird
5.	Welche Einwände/Gegenargumente sind zu erwarten? Wie werde ich darauf antworten?
6.	Welche Unterlagen benötige ich für das Gespräch? (Notizen, Akten, Projektunterlagen, Listen, Prospekte usw.)
7.	Welche Unterlagen benötigt mein Gesprächspartner?
8.	Bin ich dem Gesprächspartner aus einem früheren Gespräch noch eine Auskunft oder Antwort schuldig?

Unvorbereitet sein bedeutet, ...

Unvorbereitete Gespräche sind ein Ausdruck von mangelnder Professionalität.

- die Telefongespräche dauern länger, weil Sie etwa erst während des Gesprächs Unterlagen suchen müssen oder erst darüber nachdenken, welche Informationen Sie eigentlich von Ihrem Gesprächspartner brauchen bzw. was Sie mitteilen möchten.
- Sie müssen häufiger anrufen, weil Sie vielleicht eine wichtige Frage, die Ihnen vor dem Gespräch eingefallen ist, vergessen haben -
  „Ich wollte doch noch irgendetwas wissen, aber es ist mir leider gerade entfallen. Da muss ich wohl noch mal anrufen.“ -
  und im Moment, wo Sie den Hörer aufgelegt haben, fällt es Ihnen wieder ein.
- Sie verzetteln sich leicht beim Gespräch, weil Ihnen das Ziel im Hinterkopf fehlt.
- Sie vermitteln einen desorganisierten und unprofessionellen Eindruck auf Ihren Gesprächspartner

Zeit sparen beim Telefonieren

Bereiten Sie sich gut vor.

- Telefongespräche **vorbereiten** und alle Unterlagen bereitlegen.

- **Am Beginn sagen, worum es Ihnen geht**, damit sich Ihr Gesprächspartner darauf einstellen kann. Sollte Ihr Gesprächspartner Unterlagen benötigen, die er erst zusammensuchen muss, dann bitten Sie um einen Rückruf bzw. vereinbaren einen späteren Anruf, damit Sie nicht unnötig warten müssen. Schicken Sie als Vorabinformation ein Fax oder E-Mail.

- Wenn Sie einen Gesprächspartner in der Leitung haben, der erfahrungsgemäß sehr ausführlich und lange redet, sagen Sie gleich am Anfang, dass Sie nur wenig Zeit haben bzw. **vereinbaren Sie die max. Dauer des Gesprächs**.

- Achten Sie auch die Zeit Ihres Gesprächspartners. **Fragen** Sie vor einem längeren Gespräch immer nach, ob Ihr Partner **genügend Zeit für ein Gespräch** erübrigen kann. Er wird dies zu schätzen wissen.

- Bilden Sie **Blockzeiten** für das Telefonieren und erledigen Sie alle Anrufe soweit wie möglich gleich hintereinander.

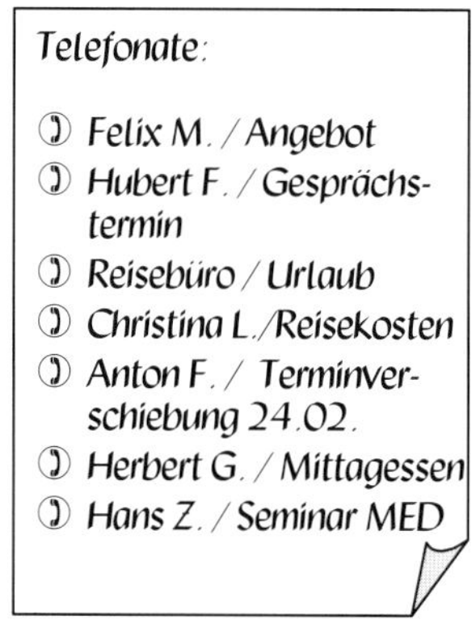

- **Achten Sie auf die Dauer Ihrer Telefongespräche**. Sie werden sich dann automatisch kürzer fassen.

✔ Tipp

Eine Sanduhr, die bei jedem Gespräch umgedreht wird, zeigt Ihnen optisch, wie die Zeit verrinnt - was sich gesprächs-verkürzend auswirkt.

Wie lange telefonieren Sie?

Kontrollieren Sie die Dauer Ihrer Telefonate.

- Kontrollieren Sie ein paar Tage lang die Zeit, die Sie für Ihre Telefonate verwenden - auch wenn Sie angerufen werden - und notieren Sie diese. Falls Sie keine Gesprächsdauer-Anzeige auf Ihrem Telefonapparat haben, dann nehmen Sie Ihre Armbanduhr oder eine Stoppuhr zur Hand.
- Wahrscheinlich ist Ihnen gar nicht bewusst, wieviel Zeit Sie in einer Arbeitswoche „vertelefonieren“. Minuten summieren sich sehr schnell zu Stunden, die Ihnen dann für wichtige Aufgaben fehlen.

➊ Liegt viel Unnötiges auf meinem Schreibtisch herum?
➋ Gebe ich meinem Papierkorb genügend „Futter“?
➌ Habe ich andere unnötigerweise bei Ihrer Arbeit gestört?

Der Telefonzettel

Der selbstgestaltete Telefonzettel.

TELEFONNOTIZ

für ❑ *AH (= Kurzkennzeichen)* von ❑ *MiLi*
❑ ❑
❑ ❑

Name/Fa.: ______________________ **Datum:** __________

____

Tel.-Nr.: ______________________ **Zeit:** __________

❑ hat angerufen

❑ meldet sich wieder ....

❑ Bitte Rückruf am .... Uhrzeit

❑ Termin [ ]

❑ sonst ....

✎ **Worum geht es? STICHWORT** [ ]

____

____

____

____

Telefonzettel sind in vielen Formaten und Variationen verfügbar (DIN A5, A6, hoch, quer, gebunden, als Post-it, usw.). Sie können Telefonzettel als Vordrucke kaufen oder Sie gestalten sich bei Bedarf Ihr eigenes Formular. Experimentieren Sie und finden Sie für sich heraus, welche Art von Informationen Sie in Ihrem Arbeitsumfeld benötigen.

Telefonzettel richtig verwenden

Sein Platz ist direkt neben dem Telefon.

- Wichtig ist, dass **der Telefon-Notizblock samt Schreibstift** immer **griffbereit** am Schreibtisch **direkt neben dem Telefonapparat** liegt und nicht in irgendeiner Schublade, wo man erst zu kramen beginnen muss.
- Wenn Sie Ihre eigenen Zettel gestalten, dann ist es günstig, diese als Block zu binden bzw. die losen Blätter in ein Clip-Board einzuklemmen.

Das Wichtige sofort mitschreiben.

- Machen Sie sich **während des Gesprächs sofort Notizen**. Denn sobald Sie den Hörer aufgelegt haben, haben Sie auch schon vieles wieder vergessen oder werden durch ein weiteres Telefonat oder einen Kollegen abgelenkt.
- Teilen Sie Ihrem Gesprächspartner mit, dass Sie sich gerade etwas notieren. Der positiven Nebeneffekt dabei ist, dass sich Ihr Gesprächspartner wichtig und wertgeschätzt fühlt.
- **Wiederholen** Sie **am Ende des Gesprächs** nochmals kurz das Notierte, um sich zu vergewissern, ob Sie auch alles richtig verstanden haben.
- Fragen Sie bei einem beabsichtigten Rückruf immer nach, **wann** der Anrufer am günstigsten **erreichbar** ist, damit vermeiden Sie unnötige Telefonanrufe.
- Bitten Sie ggf. um die **Rückrufnummer** (außer es handelt sich um Stammkunden, um Personen, die sehr häufig anrufen - diese wollen Ihnen nicht bei jedem Anruf Ihre Nummer wiederholen, das würde diese eher verärgern). Das erspart Ihnen eine Menge Suchzeit

Mit einer offenen Frage erfahren Sie Näheres.

- Wenn Sie den Anruf für einen Kollegen entgegennehmen, ist es günstig, die Frage zu stellen: *„Worum geht es?"* (= **offene Frage**). Damit können Sie Ihrem Kollegen bereits einige Vorinformationen geben. Denn auf die *Frage „Kann ich etwas ausrichten?"* (= **eine geschlossene Frage**) erhalten Sie oft nur ein *„Nein"* als Antwort.

Beispiel:

Anrufer:	*„Guten Tag, hier spricht Müller. Ist Herr Maier da?"*
Hr. Huber:	*„Nein, Herr Maier ist heute nicht da. Kann ich etwas ausrichten?"*
Anrufer:	*„Nein, danke. Auf Wiederhören!"*

Besser:

Worum geht es bitte?

Anrufer:	*„Guten Tag, hier spricht Müller, ist Herr Maier da?"*
Hr. Huber:	*„Nein, Herr Maier hat heute Urlaub. Er ist morgen wieder im Büro. Worum geht es bitte, kann ich Ihnen weiterhelfen?"*
Anrufer:	*„Herr Maier hat mir ein Angebot geschickt und da ist mir die Kalkulation der Position A-8 unklar."*
Hr. Huber:	*„Ich notiere es für Herrn Maier. Darf er Sie morgen zurückrufen? Wann sind Sie am besten erreichbar, Herr Müller?"*
Anrufer:	*„Morgen bin ich nicht im Büro. Herr Maier kann mich aber am Vormittag am Handy erreichen. Die Nummer ist 06xx/12345."*
Hr. Huber:	*„Ich wiederhole. Die Nummer ist 06xx/12345."*
Anrufer:	*„Ja, stimmt genau. Danke und auf Wiederhören!"*

✔ Tipp

Telefonzettel als internes Kommunikationsmedium

Telefonzettel sind auch sehr gut geeignet zum internen Informationsaustausch mit Kollegen, Mitarbeitern und Vorgesetzten.

❶ **Bleibe ich konsequent bei einer angefangenen Arbeit, bis diese fertig ist?**
❷ **Notiere ich mir die wesentlichen Stichpunkte, bevor ich zum Telefonhörer greife?**
❸ **Schreibe ich mir wichtige Gedanken, die während der Arbeit auftauchen, auf einem bereitliegenden Notizblock auf?**

Den Zeitfressern auf der Spur

Wofür geben Sie Ihre Zeit aus?

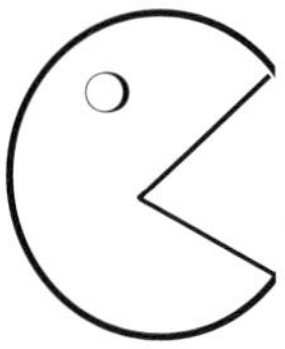

Um zu wissen, wofür Sie Ihre Zeit „ausgeben" und ob sich diese Ausgaben lohnen, brauchen Sie zuerst einen Überblick. Ein **Zeitanalyse-Protokoll** hilft Ihnen dabei:

Genaue und ehrliche Aufzeichnungen helfen, den Zeitfressern auf die Spur zu kommen.

Führen Sie einige Tage lang Aufzeichnungen darüber, wie Sie Ihre tägliche Arbeitszeit verwenden.

- In der Spalte Störung/Unterbrechung tragen Sie ein, durch wen Sie bei der Arbeit gestört wurden (Was wollte der Störer von Ihnen?) oder womit Sie sich selbst gestört/abgelenkt haben.
- Seien Sie möglichst ehrlich bei Ihren Aufzeichnungen, denn nur dann kommen Sie Ihren Zeitfressern auf die Spur.

Ein Beispiel (Auszug aus einem „typischen" Arbeitstag-Protokoll):

Datum: 22.03.	Arbeitsbeginn: 7.55 / Arbeitsende: 12.00		Arbeitszeit: in Min: 245
von - bis	**Tätigkeit**	**Dauer in Min.**	**Störung/Unterbrechung (Wer, Grund?)**
7.55-8.10	Kaffee trinken und plaudern	15	soziale Kontakte
8.10-8.25	Post durchsehen	15	
8.25-8.35	Telefonat	10	Kollege - Rückfrage
8.35-8.40	Post durchsehen	5	
8.40-9.00	Post-Antwortschreiben verfasst	20	
9.00-9.20	Zeitschrift lesen	20	
9.20-9.30	Telefonat	10	Kunde
9.30-9.45	Gespräch mit Chef	15	Chef -Projekt Y besprochen
9.45-9.55	Kaffeepause + kurze Plauderei	10	kurz noch eine Pause, bevor ich mit Projekt X beginne
9.55-10.15	Arbeit am Projekt X	20	
10.15-10.30	Angebot Müller	15	Kollege - Preisabstimmung
10.30-10.40	Arbeit am Projekt X	10	
10.40-10.55	Telefonat mit Versicherung	15	ich - privat ist mir gerade eingefallen
10.55-11.05	Arbeit am Projekt X	10	
11.05-11.30	Plauderei mit Walter und Julia	25	ich - mir fällt gerade nichts ein zum Projekt X
11.30-11.45	Zeitschrift lesen	15	am Vormittag freut mich das Projekt X nicht mehr
11.45-12.00	Trödeln	15	ich warte auf Mittag
...			

Die Analyse meiner Zeitfresser

1. Summieren Sie die täglichen Arbeitszeiten.
2. Summieren Sie nun die Zeiten für die verschiedenen Tätigkeiten, die Sie auch in Gruppen zusammenfassen können (besonders im Hinblick auf Zeitfresser).
3. Berechnen Sie den prozentuellen Zeitaufwand für jede Tätigkeit bezogen auf die Gesamtarbeitszeit, für die Sie Ihr Zeitprotokoll erstellt haben. (Dauer*100/Gesamtarbeitszeit)

Hinweis: Im Beispiel wird ein halber Arbeitstag ausgewertet.

Tätigkeit	Dauer in Minuten	%-Anteil an der Gesamt-Arbeitszeit
Postbearbeitung	40	ca. 16 % (=40*100/245)
Telefonate dienstlich	20	ca. 8 %
Projektarbeit	40	ca. 16 %
Besprechungen	15	ca. 6 %
Angebotserstellung	15	ca. 6 %
Zeitschriften lesen	35	ca. 15 %
Telefonate privat	15	ca. 6 %
Pausen, Plaudereien, Motivationsmangel	65	ca. 27 %

Beantworten Sie an Hand der Analyse folgende Fragen:

Wieviel Prozent meiner Arbeitszeit verwende ich für produktive Tätigkeiten?

1. Welchen Prozentsatz Ihrer Arbeit verbringen Sie im Durchschnitt mit produktiver Arbeit?
2. Wieviel von Ihrer Zeit „vertun“ Sie (privatisieren, tratschen, vertrödeln usw.)?
3. Was sind Ihre häufigsten Zeitfresser?
4. Wodurch lassen Sie sich sehr schnell von Ihrer Arbeit ablenken?
5. Welche Muster für mangelnde Leistung, mangelnde Arbeitseffektivität wiederholen sich? Einige Beispiele:
   Fehlende Motivation, ausständige Entscheidung, unnötig lange Besprechungen, „Aufschieberitis“, fehlende Selbstdisziplin, zu viele Störungen und Unterbrechungen, lange Suchzeiten, warten auf etwas oder jemanden.
6. Welche Tätigkeiten verbrauchen zu viel Zeit?
7. Welche Tätigkeiten tun Sie, die eigentlich gar nicht wirklich notwendig sind?
8. Welche Arbeiten könnte auch jemand anderer erledigen?

Was tue ich gegen meine Zeitfresser?

Konsequenzen setzen, sonst ist die Zeit für die Analyse auch vertan.

Stellen Sie auf Grund der Antworten einen **Maßnahmenplan zur Erhöhung Ihrer Arbeitseffizienz auf.** Beginnen Sie mit den größten Zeitfressern, wie z.B.:

- Plaudereien mit Kollegen ➪ in die Mittagspause verlegen
- mangelnde Motivation ➪ konsequent für eine bestimmte Zeit an einer Arbeit dranbleiben und nichts anderes tun

❶ **Wie steht es mit meinen stillen Stunden?**
❷ **Habe ich meine größte Störquelle beseitigt bzw. zumindest zeitlich reduziert?**
❸ **Achte ich auf die Dauer der Telefonate?**

Wichtige Aufgaben haben Vorrang

Welche Aufgabe kommt zuerst dran?

Da wir nicht alle anfallenden Arbeiten gleichzeitig erledigen können, müssen wir jeweils **einer Aufgabe den Vorrang geben**. Eine übliche Vorgangsweise ist:

1. Die Tyrannei des Dringlichen - der Zeitdruck entscheidet.
➪ Dringende Aufgaben werden sofort erledigt.

Am liebsten würden wir nur das tun, was wir gerne tun.

2. Wir suchen uns eine Arbeit aus, die wir gerne tun nach dem Motto:

Ich tue das, was ich gerne tue.
Was ich gerne tue, tue ich oft.
Was ich oft tue, tue ich gut.
Was ich gut tue, tue ich gerne.
Was ich gerne tue, tue ich oft ...

Konsequenzen:

1. Es werden zwar Aufgaben erledigt, aber dies müssen nicht unbedingt jene sein, die für die Firma wichtig und wertvoll sind.
2. Wertvolle Arbeitszeit wird für „Nichtigkeiten" verwendet (= verschwendet).
3. Es bleibt häufig wenig Zeit für die wirklich wichtigen Aufgaben, da Unwichtiges bzw. Dringendes vorgezogen wird. Wichtige Aufgaben werden dann nicht selten nur unter hohem Zeitdruck - und folglich nicht bestmöglich - erledigt.

Wichtig und dringend - eine Unterscheidung

WICHTIG	DRINGEND

Wert-Komponente	Zeit-Komponente
♦ hoher Nutzen wird gestiftet ♦ hoher Wert (materiell, immateriell) ♦ hoher Schaden wird verhindert ♦ bringt mich meinen Zielen näher	♦ die Zeit drängt

Aufgaben können sein:

Wichtig & dringend, nur wichtig, nur dringend, weder wichtig noch dringend.
Die Unterscheidung ist wesentlich, um die Aufgaben in der richtigen Reihenfolge zu erledigen.

Das Prinzip „Wichtig vor Dringend“

Wichtiges ist selten dringend! Dringendes ist selten wichtig!

Das Prinzip besagt, in welcher Reihenfolge wichtige und dringende Aufgaben zu erledigen sind. (➪ In Anlehnung an das *Eisenhower-Prinzip.)*

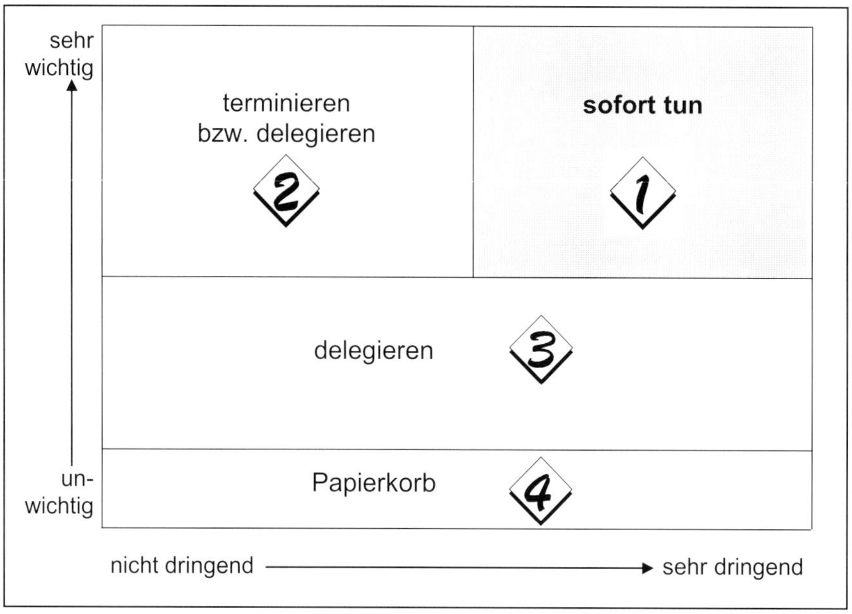

Aufgaben, die wichtig & dringend sind, haben Vorrang.

1	**wichtig & dringend**	➪ diese Aufgabe hat absoluten Vorrang ➪ organisieren Sie sich dafür eine möglichst störfreie Arbeitszeit
2	**wichtig, aber nicht dringend**	➪ Aufgabe gehört eingeplant und entsprechend Zeit dafür reserviert ➪ planen Sie die Erledigung in einer möglichst störarmen Zeit ein (also nicht etwa Montag Vormittag, wenn es total hektisch zugeht) ➪ bei Bedarf frühzeitig an Mitarbeiter delegieren
3	**weniger wichtig & nicht dringend bis dringend**	➪ wenn möglich unbedingt delegieren ➪ ansonsten nur mit geringstmöglichem Aufwand erledigen
4	**unwichtig & nicht dringend bis dringend**	➪ Arbeit gehört in den Papierkorb ➪ wenn Sie die Aufgabe erledigen müssen (sollten), tun Sie es in einer störreichen Zeit oder wenn Sie Ihr Leistungstief haben

✔ Tipp

Zwischen wichtig und dringend unterscheiden

Sollte Ihnen die Unterscheidung zwischen wichtig-unwichtig, dringend-nicht dringend schwer fallen, dann hilft Ihnen vielleicht folgende Vorstellung:

„Welche Aufgaben müssten noch unbedingt erledigt werden, wenn Sie Ihre Firma in einer Woche, in einem Monat für ein halbes Jahr ins Ausland schicken würde?“

❶ Verwende ich einen Telefonzettel?
❷ Habe ich schon etwas gegen meine größten Zeitfresser unternommen?
❸ Sortiere ich den Lesestoff bei der Postbearbeitung zur späteren Begutachtung aus oder lese ich alles gleich?

Meine Hauptaufgabenliste

Was sind meine Aufgaben in der Firma?

Die **Hauptaufgabenliste** ist eine der wichtigsten Listen an Ihrem Arbeitsplatz. Sie enthält die wesentlichen Aufgaben, die Sie zu erledigen haben. Die Liste leitet sich aus der Stellenbeschreibung ab und ist mit dem Vorgesetzten abzustimmen.

Sie benötigen die Hauptaufgabenliste, um

- zu wissen, worauf Sie sich bei Ihrer Arbeit zu konzentrieren haben.
- Prioritäten im Sinne der Firma setzen zu können, d.h. welche Aufgaben vorrangig zu behandeln sind.
- einen Überblick über Ihre Tätigkeit zu haben.

Die Hauptaufgabenliste

Hauptaufgaben (7+/-2)	Stellvertreter	Priorität	% d. Zeit

Wofür wird mir mein Gehalt bezahlt?

Hauptaufgaben:

- Beantworten Sie dazu folgende Fragen:
  Wofür werde ich bezahlt (über´s Jahr gesehen)?
  Wozu bin ich da?
  Was bringt der Firma am meisten?

- 5 bis 9 Aufgaben auflisten (=7+/-2)
  ➪ Beschränken Sie sich auf die wesentlichen Aufgaben

- Hauptwort + Tätigkeitswort aufschreiben
  (z.B. Angebote erstellen, Messen organisieren usw.)

Wer vertritt mich im Falle des Falles?

Stellvertreter:

- Damit sind nicht nur die in einer Organisation offiziell bestimmten Stellvertreter gemeint.
  Beantworten Sie folgende Fragen:
  Was passiert, wenn ich monatelang ausfalle?
  Wer könnte die Aufgabe zufriedenstellend erledigen?
  Muss jemand eingeschult werden?

  Als Stellvertreter können in Frage kommen: Kollegen, Fremdfirmen, Leasing-Kräfte usw.

- Die Stellvertreterregelung ist von großer Wichtigkeit für
  a) das Unternehmen.
  ➪ Ein Unternehmen geht ein großes Risiko ein, wenn die Stellvertretung nicht geregelt ist. Was passiert, wenn der Mitarbeiter längere Zeit auf Urlaub gehen möchte oder wegen Krankheit ausfällt?
  b) den Mitarbeiter.
  ➪ Es ist eine große Belastung für einen Mitarbeiter, wenn er der Einzige ist, der eine bestimmte Aufgabe ordnungsgemäß ausführen kann.

- Die Stellvertreterregelung ist Chef-Sache. Er hat für die Arbeitseinteilung zu sorgen.

- Die Stellvertretung muss vereinbart und sollte schriftlich fixiert sein, ansonsten kann es zu einer Rückdelegation zum Chef kommen. (*„Chef, ich habe so viel zu tun, ich kann das nicht machen.“*). Die Stellvertreter sind zu informieren und darauf vorzubereiten.

Welche Aufgabe hat Vorrang?

Priorität:

- Reihen Sie Ihre Hauptaufgaben nach Prioritäten.
  Frage:
  Wenn ich alle Aufgaben gleichzeitig vor mir liegen hätte, in welcher Reihenfolge würde ich sie dann abarbeiten?

- Die wichtigste Aufgabe erhält Priorität 1. Die zweitwichtigste bekommt die Priorität 2 usw.

Wieviel Zeit nehmen meine Aufgaben in Anspruch?

% der Zeit:

Alle Aufgaben zusammen ergeben 100% der Arbeitszeit. Wie hoch ist der Zeitbedarf für die jeweilige Hauptaufgabe?

Beispiel einer Hauptaufgabenliste:

Hauptaufgaben (7+/-2)	Stellvertreter	Priorität	% der Zeit
Angebote einholen + bewerten	Hr. Berger, Frau Müller	4	25
Angebotsstatistiken erstellen	Frau Müller	5	10
Info-Blatt PRODUKTINFORMER gestalten	Hr. Steiner + Hr. Berger gemeinsam	3	35
Produktberatungen durchführen	Hr. Steiner	1	20
Außendienst schulen	Hr. Steiner	2	10

❶ **Gebe ich wichtigen Aufgaben den Vorrang gegenüber dringenden?**
❷ **Bereite ich meine Telefonate vor?**
❸ **Kenne ich ein Mittel gegen mangelnde Selbstmotivation?**

Sich immer zuerst einen Überblick verschaffen

Im Kopf bekommen wir keinen Überblick!

Überblick bekommen heißt etwas aus der Distanz überblicken.

Über*blick* bekommen heißt, dass ich über etwas einen Blick habe - und dazu muss ich zu dem, was ich überblicken möchte, Distanz einnehmen. Im Kopf habe ich jedoch diesen Abstand nicht und kann somit kein Gesamtbild gewinnen.

Was passiert, wenn der schriftliche Überblick fehlt?

- Sie erhalten keinen wirklichen Gesamtüberblick.
- Pläne im Kopf werden relativ leicht umgestoßen.
- Es besteht die Gefahr, dass Sie etwas Wichtiges vergessen. Die negativen Konsequenzen hat so mancher schon schmerzlich zu spüren bekommen.
- Auf Ihnen lastet ein großer Druck, weil Sie auf Grund des fehlenden Überblicks nur ein sehr vages Bild haben (*„Das muss ich noch tun, das auch noch, wie werde ich nur damit fertig?“*).
- Die ganze Situation ist stressfördernd.

Die wichtigsten Regeln für systematische Arbeitstechnik lauten daher:

1. Notieren Sie alle offenen Aufgaben und alle Aktivitäten.
2. Erstellen Sie dann einen sinnvollen Erledigungsplan.

Vorteile eines schriftlichen Überblicks:

- Sie bekommen ein realistisches Bild von Ihren Aufgaben und können besser einschätzen, welchen Zeitaufwand Sie dafür benötigen werden.
- Sie entlasten Ihren Kopf und schützen sich davor, etwas zu vergessen.
- Sie können Prioritäten setzen.
- Sie sind in der Lage, rechtzeitig Konsequenzen zu ziehen z.B. Termine zu verschieben, Aufgaben zu delegieren.
- Sie haben ein handfestes Argument zum NEIN-Sagen, wenn Ihnen das sonst schwer fällt, z.B. gegenüber dem Vorgesetzten, der Ihnen noch eine weitere Aufgabe übertragen will.
- Sie können realistischere Terminzusagen machen.
- Mit einem Plan in der Hand haben Sie das Gefühl, dass Sie die Situation beherrschen und ihr nicht „hilflos“ ausgeliefert sind.

Möglichkeiten, sich Überblick zu verschaffen

Die To-do-Liste:

Aufgabe	Endtermin	Erledigt
Blumen für Heidi	*heute*	
Verkaufsstatistik	*16.07.*	
Chef wegen Sache Huber berichten	*19.07.*	
Bericht für die Sitzung	*20.07.*	
Artikel für die Firmenzeitung schreiben	*25.07.*	
Vortrag vorbereiten - Grobkonzept	*30.07.*	
Auto-Service	*31.07.*	
...		

Jede erledigte Aktivität wird als solche markiert (abgehackt, durchgestrichen oder mit einem Leuchtstift markiert).

Die Löhn-Methode:

lfd. Monat ggf. auch Jahr → Monat
Nummer der lfd. Kalenderwoche → Woche
Datum des Montags dieser Woche → Mo

Monat:		Woche:								
	Aktivität	W	Mo	Di	Mi	Do	Fr	Sa	So	

Die To-do-Post-it`s:

1. Notieren Sie sich jede Aktivität auf einem Post-it.
2. Kleben Sie diese nach Wichtigkeit gereiht auf
   a) eine Tafel, die Sie jedoch nicht ständig im Blickfeld haben sollten, um sich nicht unnötig unter Druck zu setzen,
   b) ein oder mehrere Blätter Papier.

Sie haben auf diese Weise einen guten Gesamtüberblick und können außerdem bei Bedarf die Post-it`s rasch umsortieren.

Die Zettelbox, der Zettelhalter:

Notieren Sie jede einzelne, offene Aktivität auf einem separaten Notizzettel und geben Sie diesen dann nach Wichtigkeit gereiht in die Zettelbox oder auf den Zettelhalter. Der Zettel mit der wichtigsten Aufgabe befindet sich dabei oben.

❶ Nutze ich den Telefonzettel für den internen Informationsaustausch?
❷ Ist meine Stellvertretung in den wesentlichen Arbeitsbereichen gesichert?
❸ Plane ich wichtige Aufgaben rechtzeitig ein, damit ich nicht unter Zeitdruck gerate?

Zehn Minuten für einen erfolgreichen Arbeitstag

Erfolgreiche Menschen planen ihren Tag schriftlich

Nehmen wir als Vergleich das Einkaufengehen und die Arbeit eines Tages erledigen. Was passiert, wenn die Sache geplant oder ungeplant bzw. nur so flüchtig im Kopf überlegt angegangen wird?

Planloses Arbeiten hat viele Nachteile - genauso wie planloses Einkaufen.

EINKAUFEN GEHEN ▼	ARBEIT EINES TAGES ERLEDIGEN ▼
ohne Einkaufszettel	**ohne schriftlichen Plan**
♦ Sie kaufen ein, was Ihnen ins Auge springt. Sie kaufen andere Dinge ein, als Sie sich ursprünglich vorgestellt hatten.	♦ Sie erledigen Dringendes, weil sich das vordrängt. Sie kümmern sich um anderer Leute Aufgaben, weil man Sie darum bittet.
♦ Sie benötigen für das Einkaufen mehr Zeit, weil Sie unsystematisch vorgehen (d.h. längere Suchzeiten, mehr Wege).	♦ Sie springen zwischen Aufgaben hin und her, erledigen schnell etwas dazwischen (Sägezahn-Effekt, verminderte Arbeitsleistung).
♦ Auch das passiert öfter: Zu Hause stellen Sie fest, dass Sie das Wichtigste vergessen haben.	♦ Am Abend stellen Sie fest, dass Sie die wichtigste Aufgabe wieder nicht erledigt haben.

Arbeiten mit Plan bringt Sie an Ihr Ziel.

mit Einkaufszettel	mit schriftlichem Tagesplan
♦ Sie verschaffen sich einen Überblick und können einen „Einkaufstour-Plan“ aufstellen: Was muss unbedingt gekauft werden? Welche Waren können im selben Geschäft besorgt werden? In welcher Reihenfolge sind die Geschäfte zu besuchen?	♦ Sie bekommen einen Überblick und können einen „Erledigungs-Fahrplan“ aufstellen: Was muss heute unbedingt erledigt werden? Welche Aufgaben können in einem Block zusammengefasst werden? In welcher Reihenfolge sind die Aufgaben zu erledigen?
♦ Sie schaffen Ihren Einkauf in kürzerer Zeit, weil Sie sich auf das beschränken, was auf Ihrer Liste steht und weil Sie Ihre Aufmerksamkeit genau auf diese Dinge richten.	♦ Sie arbeiten effizienter und schneller, weil Sie sich ganz bewusst auf die zu erledigenden Aufgaben konzentrieren. Sie lassen sich weniger ablenken.
♦ Wenn noch Zeit übrig bleibt, dann können Sie sich in Ruhe anschauen, was es sonst noch gibt.	♦ Sollten Sie noch Zeit haben, dann können Sie sich um weniger wichtige Aufgaben, um „Kleinkram“ kümmern, oder andere unterstützen.
♦ Das am dringendsten Benötigte bringen Sie nach Hause. Falls noch etwas auf der Liste steht, dann kann es später erledigt werden.	♦ Die wichtigsten Aufgaben des Tages sind erledigt. Wenn etwas übrig geblieben ist, dann ist es nicht so wichtig und hat noch Zeit.
♦ Auch ein Einkaufszettel erlaubt Ihnen, besondere Angebote, günstige Gelegenheiten zu nutzen, d.h. Sie müssen sich deshalb kein Sonderangebot entgehen lassen, nur weil es nicht auf der Liste steht.	♦ Natürlich können Sie den Tagesplan auch umstoßen, wenn dies erforderlich ist bzw. wenn sich eine günstige Gelegenheit ergibt (z.B. Sie treffen zufällig einen Kunden, den Sie in den nächsten Tagen besuchen wollten).

Der schriftliche Tagesplan

Pläne im Kopf sind wie Kartenhäuser - nämlich leicht umzustoßen.

- Pläne im Kopf werden leicht umgestoßen.
- Schriftliche Pläne haben Verpflichtungscharakter und lassen uns disziplinierter und konsequenter arbeiten.
- Wir merken uns nur eine begrenzte Anzahl von Informationen. Aufschreiben schützt uns vorm Vergessen und entlastet das Gehirn.

Tagespläne gibt es in vielen Varianten. Sie können sich Vordrucke kaufen, selbst ein Formular gestalten, ein Zeitplanbuch verwenden. Manchmal tut´s auch ein einfacher Zettel. Auf diesem sollten Sie Folgendes notieren:

1.	Datum
2.	Aktivitäten für den nächsten Tag auflisten.
3.	Die Reihenfolge der Bearbeitung festlegen. Wichtiges kommt vor Dringendem!
4.	Die Aufgaben der Reihe nach erledigen. Neu hinzukommende Aufgaben werden ebenfalls notiert und eingereiht.
5.	Wichtig: Jede Aufgabe erhält einen Erledigungsvermerk ✔ (➪ Erfolgserlebnis).
6.	Nicht erledigte Aufgaben werden für die nächsten Tage eingeplant.

Beispiel eines Tagesplanes:

Aktivität: 1.8.	**Reihenfolge**	**Erledigt**
Tel. Herrn Berger wegen Angebot	2	✔
Besprechung mit Chef	4	✔
Projektbericht schreiben	1	✔
Angebot Steiner erstellen	6	➪ 2.8.
Rechnungen prüfen	7	➪ 3.8.
Besprechung mit Frau Müller	3	✔
Post bearbeiten	5	✔

✔ Tipp

Der Tag beginnt am Vorabend

Der Tagesplan sollte immer am Vorabend als Tagesabschluss für den nächsten Tag erstellt werden.

- Dann können Sie am nächsten Tag gezielt losstarten.
- Sie haben eine gewisse Sicherheit, was der Tag bringen wird, und das macht Sie innerlich ruhiger und lässt Sie gelassener dem Arbeitstag entgegensehen.
- Ihr Unterbewusstsein arbeitet schon während der Nacht an den Aufgaben des nächsten Tages.

❶ Sammle ich Fragen an Kollegen, Chefs und Mitarbeiter, um diese möglichst wenig zu stören?
❷ Liegen Unterlagen auf dem Schreibtisch, die abgelegt bzw. in die Wiedervorlage gehören?
❸ Bei welchen Tätigkeiten könnte ich Zeit einsparen?

Prioritäten setzen

Üblicherweise haben wir mehrere Aufgaben zur Erledigung vor uns liegen. Oft versuchen wir dann, die Arbeiten mehr oder minder gleichzeitig zu bewältigen. Wir beginnen bei einer Aufgabe, legen diese beiseite und nehmen eine andere zur Hand, erledigen einen Teil und springen gleich weiter zur nächsten Aufgabe usw.

Diese Arbeitstechnik führt dazu, dass
- ♦ wir uns verzetteln,
- ♦ wir zerrissen sind,
- ♦ wir kein sichtbares Weiterkommen bemerken,
- ♦ bei allem nur ein Teil gemacht wird,
- ♦ wir keine wirklichen Erfolgserlebnisse verspüren, weil nichts fertig wird,
- ♦ wir ineffizient arbeiten und
- ♦ wir unsere Energie vergeuden.

Ein Grundsatz für effizientes Arbeiten lautet:

Seine Energie auf jeweils eine Sache konzentrieren.

Sie nützen Ihre Arbeitskraft am effizientesten, wenn Sie sich innerhalb eines bestimmten Zeitraumes voll und ganz auf eine Sache konzentrieren, d.h. Sie müssen Ihre Aufgaben der Reihe nach erledigen.

Welche Aufgabe ist die wichtigste?

Prioritäten setzen heißt: Festlegen, was vorrangig behandelt werden soll. Wenn ich mehrere Aufgaben vor mir habe, lege ich für die Erledigung eine Reihenfolge fest.

Prior = der Erste

Frage: *Welche ist die erste Aufgabe, die ich zu erledigen habe?*

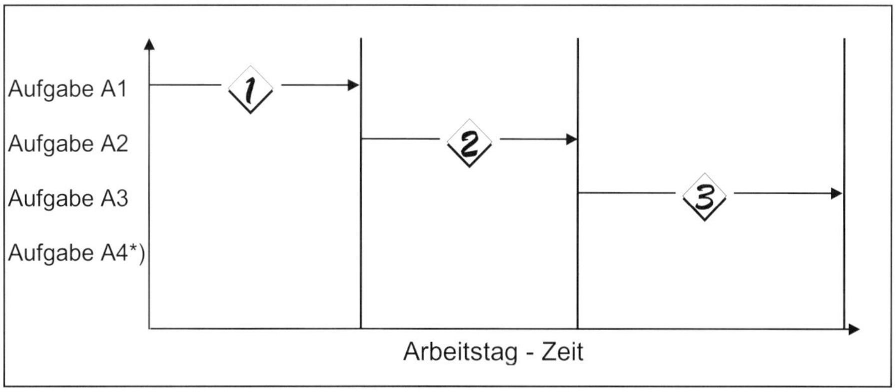

*) Die Aufgabe A4 konnte an diesem Arbeitstag nicht erledigt werden.

1. Die Reihung der Aufgaben erfolgt nach ihrer Wichtigkeit. Es wird festgelegt, welche Aufgabe als 1., 2., 3. usw. ausgeführt wird (⇨ Aufstellen einer Warteschlange):

◇1	= die wichtigste Aufgabe für den Tag. Sie wird zuerst in Angriff genommen. *Was bringt der Firma am meisten?* *Was verhindert den größten Schaden?*
◇2	= die wichtigste Aufgabe, nachdem die erste Aufgabe erledigt ist.

2. Neu hinzukommende Aufgaben werden nicht sofort bearbeitet, sondern ebenfalls in die Warteschlange eingereiht.

Störungen, Unterbrechungen drängen sich vor.

3. Unterbrechungen wie Telefonate oder Besucher reihen sich automatisch an erste Stelle, deshalb sind störarme/störfreie Arbeitszeiten besonders wertvoll.

Vorteile der Prioritätensetzung:

- Da die wichtigen Aufgaben vorrangig behandelt werden, ist am Ende eines Arbeitstages zumindest das Wichtigste getan.
- Die Verwendung der Arbeitszeit verschiebt sich. Für wichtige Arbeiten steht mehr Zeit zur Verfügung und für unwichtigere weniger.
  ⇨ „Kleinkram" wird in kürzerer Zeit erledigt, weil dafür weniger Zeit übrig bleibt.
- Wenn Arbeit in der verfügbaren Zeit nicht erledigt werden kann, dann hat dies keine gravierenden Auswirkungen, da es sich um die weniger wichtigen Dinge handelt.

Meine Prioritäten mit dem Chef vereinbaren

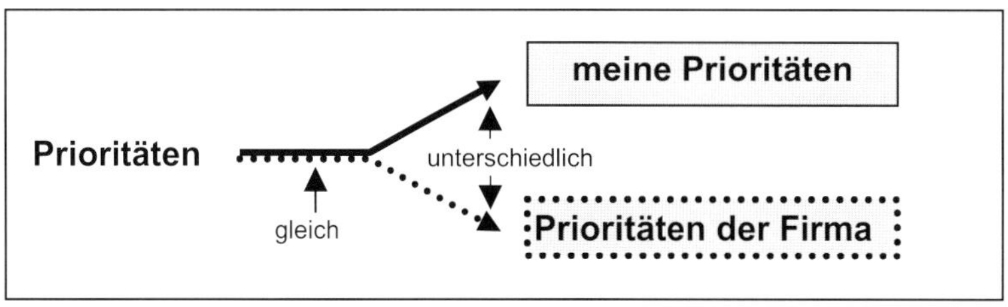

Prioritäten immer mit dem Chef abstimmen.

Um uns Misserfolgserlebnisse zu ersparen bzw. Konflikte zu vermeiden, ist es notwendig, dass wir unsere eigenen Prioritäten mit jenen des Vorgesetzten bzw. des Auftraggebers abstimmen. Eine Hauptaufgabenliste kann dabei sehr hilfreich sein.

Frage an den Chef: *„Ist es recht, wenn ich zuerst das erledige und dann das?"*
„Welche Aufgabe/n ist/sind vorrangig zu behandeln?"

❶ **Habe ich mir einen schriftlichen Überblick über meine Aufgaben verschafft?**
❷ **Delegiere ich weniger wichtige Aufgaben, damit ich für Wichtiges Zeit habe?**
❸ **Plane ich den Tag schriftlich?**

Das Tagesplan-Formular

Tun Sie das, was wichtig ist, dann haben Sie immer das Richtige getan.

Wenn Sie Ihren Arbeitstag schriftlich planen, Ihre Prioritäten richtig setzen und Aufgabe für Aufgabe gemäß der Prioritätenfolge erledigen, dann haben Sie vielleicht am Ende eines Arbeitstages nicht immer alles erledigt, was Sie sich vorgenommen hatten, Sie können jedoch sicher gehen, dass Sie das Richtige getan haben.
Sie haben nämlich zumindest das Wichtigste vom Tag erledigt, Sie haben sich um die wesentlichen Dinge gekümmert - und darauf kommt es an und nicht darauf, dass Sie den lieben langen Tag voll beschäftigt waren.

Formular eines Tagesplans

Der Tagesplan ist mit einem Formular schnell erstellt und bietet einen guten Überblick.

So könnte beispielsweise Ihr Formular für einen Tagesplan ausschauen.

Tag: 2.8.						
Priorität	Aktivitäten	Geplante Zeit	W	D	W*D	Erledigt
	Wiederkehrend:					
1	*Tagesplan erstellen/überprüfen*	10 min	1	1	1	✔
6	*Post durcharbeiten*	30 min	2	2	4	✔-
2	*Morgenbesprechung mit dem Chef*	15 min	1	1	1	✔+
3	*Werksrundgang machen*	1,5 h	1	1	1	✔
	Einmalig:					
4	*Tel. Fa. Hofer wg. Lieferung*	10 min	1	1	1	✔+
8	*Besprechung wegen Firmenausflug*	0,5 h	2	3	6	➪ Fr. Denk
5	*Monatsabschlussbericht erstellen*	2 h	2	1	2	✔++
	Vorzubereiten ist:					
7	*Baustellenbesuch bei Reiter planen*	0,5 h	2	2	4	➪ 9.8.

Neu hinzukommende Aufgaben werden auch eingereiht.

Jede neu hinzukommende Aktivität wird nicht sofort erledigt, sondern ebenfalls in den Tagesplan eingetragen und in die Prioritätenfolge eingereiht.

Tag:	Tagesdatum eintragen.
Aktivitäten:	Listen Sie alle Aktivitäten auf, die für den jeweiligen Tag geplant sind.
♦ **Wiederkehrend:**	Tragen Sie in dieser Rubrik alle Aktivitäten ein, die jeden Tag wiederkehren.
♦ **Einmalig:**	Tragen Sie hier alle Aktivitäten ein, welche einmalig an diesem Tag zu erledigen sind, die also nicht täglich wiederkehren.
♦ **Vorzubereiten ist:**	Planen Sie alle Aktivitäten ein, die Sie zur Vorbereitung von Aktivitäten der nächsten Tage brauchen.
Geplante Zeit:	Geschätzte/voraussichtliche Dauer der Aktivität.
Wichtig:	1 ... sehr wichtig 2 ... durchschnittlich wichtig 3 ... nicht wichtig
Dringend:	1 ... sehr dringend, ist genau heute zu erledigen 2 ... durchschnittlich dringend, hat auch noch 2 - 3 Tage Zeit 3 ... nicht dringend, kann später erledigt werden
W*D	= Wichtig*Dringend (Multiplikation)
Priorität:	Festlegung anhand des Ergebnisses der Multiplikation in der Spalte W*D. Haben mehrere Aktivitäten denselben Wert (wie im Beispiel W*D = 1), dann müssen Sie für diese Aktivitäten eine Rangfolge bestimmen.
Erledigt:	Kontrolle und Motivation: Jede Aktivität erhält einen Erledigungsvermerk - als Erfolgskontrolle und um sich ein Erfolgserlebnis zu verschaffen. Beispiele:
	✔++/✔+ = sehr gut erledigt/gut erledigt ✔ = erledigt (in Ordnung) ✔- = weniger gut gelungen ➪ Fr. Denk = delegiert an Frau Denk ➪ 9.8. = übertragen auf den 9.8.
	●● = sehr gut erledigt ● = normal erledigt – = hätte besser sein können ✷ = hat sich erledigt O = für den nächsten Tag vorgemerkt

Übertragen Sie alle nicht erledigten Aktivitäten auf einen der nächsten Tage. Haken Sie dabei den Tagesplan vollständig ab. Sie schließen damit den Kreis des Tages und können den Arbeitstag innerlich loslassen. Sie gehen befreiter und gelöster nach Hause. (Nicht geschlossene Kreise werden mitgeschleppt und belasten).

Greifen Sie die für Sie wesentlichen Teile aus dem Tagesplan heraus und setzen Sie diese schrittweise in die Praxis um.

❶ Reihe ich neu hinzugekommene Aktivitäten in die Warteschlange ein?
❷ Erstelle ich meinen Tagesplan als Abschluss des Arbeitstages für den nächsten Tag?
❸ Bleibe ich konzentriert bei einer Aufgabe ohne mich ablenken zu lassen?

Prinzipielles zur Zeit- und Termineinteilung

Es bedarf zweier Dinge, um die Arbeitszeit optimal zu nutzen:

1. Überlegen, was ich tue	➪ PLANEN
+	
2. Gute Gelegenheiten beim Schopf packen	➪ CHANCEN NUTZEN

Verplanen Sie Ihren Arbeitstag nach der 60:40-Regel

Ein Tagesplan, der 100% der Arbeitszeit abdeckt, kann unmöglich eingehalten werden.

Die 60:40-Regel besagt, dass Sie nur etwa 60% der verfügbaren Arbeitszeit fix verplanen sollten und die restlichen 40% halten Sie frei für alles, was so täglich an nicht Vorhersehbarem passiert.

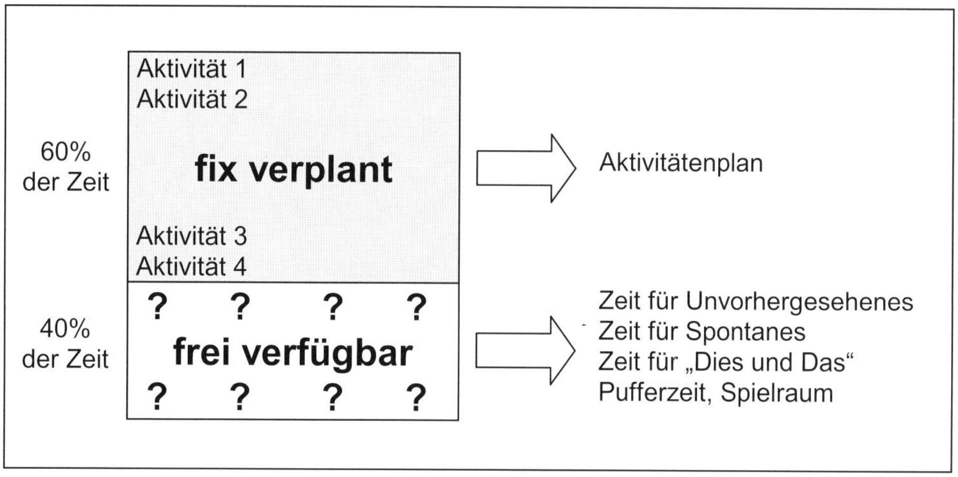

Manche können nur 20 - 30% ihrer Arbeitszeit fix verplanen.

Dieser Verteilungssatz ist keine festgeschriebene Regel, sondern stellt nur einen Richtwert dar. Wenn Sie in hohem Maße fremdbestimmt sind, d.h. ihre Arbeitszeit nur zu einem sehr geringen Anteil selbst einteilen können, dann dürfen Sie vielleicht sogar nur 20 - 30% täglich fix verplanen. Finden Sie den für Sie passenden Wert heraus. Sie werden dazu möglicherweise einige Wochen der Beobachtung benötigen.

Wenn Sie etwa Ihren Aktivitätenplan an mehreren Tagen, die ohne besondere Vorkommnisse verlaufen, nicht einhalten können, dann kann dies ein Hinweis darauf sein, dass Sie einen zu großen Anteil Ihrer Arbeitszeit fix verplanen.

Den Tag nach der 60:40-Regel verplanen bedeutet:

- Sie geben jedem Tag eine Richtung (fix vorgeplante Aktivitäten).
- Sie können auch dann noch die Ruhe bewahren, wenn eine unerwartete Aufgabe auf Sie zukommt bzw. eine Arbeit länger als geplant dauert, weil Sie eben entsprechend Zeit für Unvorhergesehens eingeplant haben.
- Sie haben Spielraum für Spontanes.
  (Wir Menschen brauchen Spielraum - auch in der Arbeit, sonst verlieren wir die Lust daran ➪ führt zu verminderter Leistung.)
- Auch Kleinigkeiten, die wir oft ganz unbewusst tun und die nur Minuten in Anspruch nehmen, summieren sich über den Tag gesehen. Diese werden durch die Pufferzeit, die wir planen, ebenfalls berücksichtigt.

Termine setzen

Viele Termine sind uns von außen aufgezwungen und wir haben keinen Einfluss darauf. Es gibt aber auch noch eine Reihe von Terminen, die wir selbst setzen können, um eine bestimmte Aufgabe fertigzustellen. Planen Sie für diese Termine Pufferzeiten ein, dann geraten Sie nicht so unter Druck, wenn´s einmal nicht so klappt. Wenn Sie früher fertig sind, dann können Sie das Arbeitsergebnis ja bis zum Fertigstellungstermin liegen lassen oder - wie folgendes Beispiel zeigt - daraus einen Nutzen für sich ziehen.

✔ Tipp

Wie Sie bei Kunden und Kollegen punkten ...

Beispiel:

Herr A kommt morgens ins Büro und wird von der Abteilung X um die Erledigung einer dringenden Angelegenheit gebeten. Herr A ist sehr hilfsbereit und kollegial, verspricht die Aufgabe bis 9.00 Uhr zu erledigen. Leider kommen aber zwei längere Telefonate dazwischen und so wird die Arbeit erst um 9.45 Uhr fertig.
Das Ergebnis: Der Kollege der Abteilung X ist sauer, weil er sich das Ergebnis um 9.00 Uhr erwartet hat.

Genügt es bis ...

Ein anderer Mitarbeiter namens B (ein Marketing-Fachmann) kommt morgens ins Büro und wird von Abteilung Y um die Erledigung einer dringenden Angelegenheit gebeten. Herr B, ebenfalls sehr hilfsbereit und kollegial, fragt: *„Genügt es bis 15.00 Uhr?“* Der Kollege aus Abteilung Y bittet ihn aus Gründen der hohen Dringlichkeit, doch bis 13.00 Uhr fertig zu sein. Herr B geht in sein Büro und erledigt die Angelegenheit bis 10.00 Uhr. Um 11.30 Uhr erscheint Herr B in der Abteilung Y und liefert das Endergebnis mit den Worten. *„Lieber Herr Y, Sie sind mir so wichtig, dass ich Ihre Aufgabe vorgezogen habe!“*
Das Ergebnis: Der Kollege aus der Abteilung Y ist hocherfreut über Herrn B. Er fühlt sich wertgeschätzt und verbucht für Herrn B innerlich ein paar Pluspunkte auf dessen Konto.

Den Zeitbedarf richtig einschätzen

Damit Sie sich nicht zu viel für einen Tag vornehmen und am Ende des Tages frustriert sind über die vielen unerledigten Aufgaben, ist es notwendig, den Zeitbedarf für die einzelnen Aktivitäten einigermaßen genau abschätzen zu können.

Mit der Stoppuhr in der Hand lernen Sie realistischer zu planen.

Kontrollieren Sie einige Wochen lang und später immer wieder den tatsächlichen Zeitaufwand für Ihre Aktivitäten, damit Sie ein Gespür dafür bekommen, wie lange einzelne Tätigkeiten wirklich dauern. Eine Stoppuhr kann dabei sehr gute Dienste leisten.

❶ Habe ich meine Prioritäten mit der Firma abgestimmt?
❷ Habe ich meine Hauptaufgabenliste mit meinem Vorgesetzten besprochen?
❸ Habe ich meine „stille Stunde“ mit meinem Arbeitsumfeld (Kollegen, Chef, Mitarbeiter) abgeklärt/ abgestimmt?

Die Vielfalt der Tagesplan-Techniken

Es gibt nicht *die* Tagesplantechnik, jede ist brauchbar, wenn sie Ihnen hilft, Ihre Zeit optimal zu nutzen.

Es gibt nicht die einzig richtige Technik der Tagesplanung. Die Möglichkeiten reichen von einem Notizzettel bis zum professionellen Zeitplanbuch bzw. der Planung am PC. Jeder soll für sich selbst herausfinden, welche Art ihm am besten zusagt und seiner Arbeitsweise am meisten entgegenkommt.

Wichtig ist nur, dass Sie sich an die **Grundprinzipien der Tagesplanung** halten, nämlich:
1. Sich Überblick verschaffen
2. Prinzip der Schriftlichkeit
3. Aufgabenreihung nach Prioritäten
4. Abhaken erledigter Aufgaben

Wie Sie diese umsetzen, bleibt Ihnen und Ihrer persönlichen Art überlassen.

Wenn Sie feststellen, dass
- Sie Ihre Pläne nicht einhalten,
- Sie nur mit extremem Widerwillen Ihren Tagesplan erstellen,
- Sie keinen erkennbaren Nutzen daraus ableiten können,

dann prüfen Sie bitte, ob Sie auf die richtige Art und Weise planen.

Woran krankt`s bei meiner Tagesplanung?

Fragen zur Tagesplanung:
- ❒ Plane ich zu „perfekt"?
- ❒ Plane ich zu aufwendig?
- ❒ Ist mein Zeitplan zu kompliziert?
- ❒ Verwende ich mehrere Zeitplanmittel gleichzeitig (Notiz-Kalender, Zettel, Tagesplanformular, PC)?
- ❒ Schätze ich die Zeit nicht richtig ein?
- ❒ Plane ich zu wenig Pufferzeit ein?
- ❒ Habe ich zu wenig Zeit für Ungeplantes vorgesehen?
- ❒ Mangelt es mir an Selbstdisziplin?
- ❒ Lasse ich mich zu leicht ablenken?
- ❒ Kann ich nicht NEIN sagen?
- ❒ Fehlt es mir überhaupt an Perspektiven an meinem Arbeitsplatz?

Einfache Techniken zur Tagesplanung

Zettelbox:

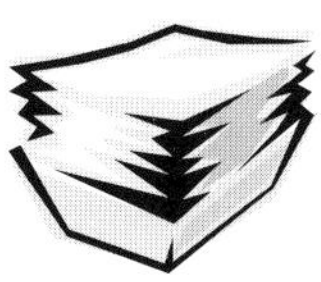

1. Jede Aufgabe wird auf einem eigenen Zettel notiert.
2. Die Zettel werden nach Wichtigkeit gereiht.
3. Als oberster Zettel liegt die wichtigste Aufgabe, die ich gerade zu erledigen habe. Nur diese Aufgabe ist sichtbar, der Rest ist verborgen.
4. Ist die Arbeit erledigt, wird der Zettel abgehakt oder bewusst zerknüllt und wandert in den Papierkorb.

Moderationskärtchen:

1. Anstelle der Zettelbox eignen sich auch Moderations-Kärtchen.
2. Durch Kärtchen in unterschiedlichen Farben kann optisch zwischen wichtigen und weniger wichtigen Aufgaben unterschieden werden.

„Tiroler" Zettelmethode - ein Blatt Papier für jeden Tag:

1. Ein DIN-A5-Blatt falten bzw. ein DIN-A4-Blatt zweimal falten.
2. Auf die Vorderseite die drei wichtigsten Aufgaben des Tages schreiben.
3. Auf der Rückseite den Rest notieren.
4. Vorteil: Sie haben einen Überblick über die gesamten Aufgaben, wenn Sie das Papier auseinanderfalten oder Sie sehen nur einen Teil, wenn Sie das Papier falten (➪ Konzentration auf das Wesentliche, geringere Arbeitslast vor Augen).
5. Erledigte Aufgaben abhaken oder durchstreichen.
6. Die Zettel können Sie in einem Ordner als Dokumentation Ihrer Arbeit sammeln.

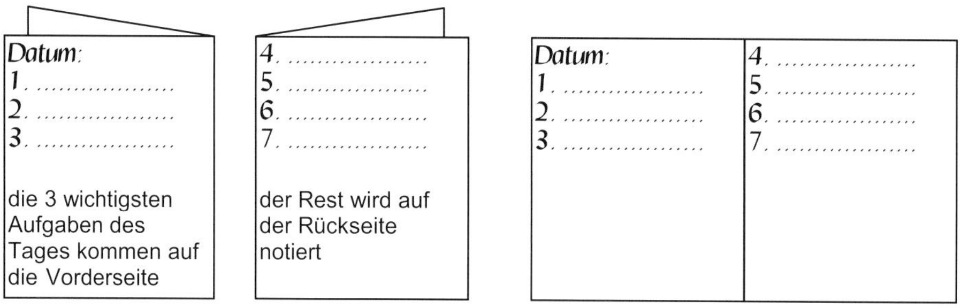

Ein gefaltetes Blatt Papier (wie oben beschrieben) und Post-it:

1. Jede Aufgabe wird auf ein Post-it notiert.
2. Die drei nächsten Aufgaben werden auf dem Zettel außen aufgeklebt, der Rest innen.
3. Wenn die Aufgabe erledigt ist, wird das Post-it abgehakt und zur Archivierung auf ein Blatt „Erledigt" geklebt oder zerknüllt und in den Papierkorb geworfen (➪ psychologisches Moment, Erfolgserlebnis: *„Wieder eine Sache erledigt!"*).

Spiralblock:

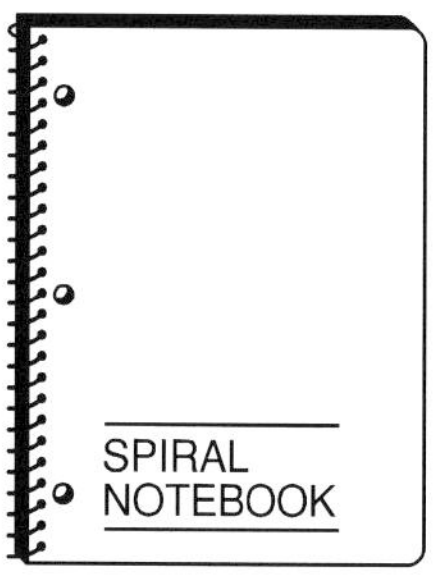

1. Jeder Tag beginnt mit einer neuen Seite.
2. Datum notieren.
3. Jede Aktivität für den Tag und alle Vorkommnisse (z.B. Anrufe) werden aufgeschrieben.
4. Wenn eine Aufgabe erledigt ist, wird sie abgehakt oder durchgestrichen.
5. Am Abend werden alle nicht erledigten Aufgaben auf den nächsten Tag auf eine neue Seite übertragen. Danach wird der Tag vollständig - als erledigt - abgehakt.
6. Auf diese Weise hat man vollständige Aufzeichnungen und nichts wird vergessen.
7. Spiralblöcke haben den Vorteil, dass man sie umschlagen kann, d.h. sie benötigen nicht so viel Platz auf dem Schreibtisch.

❶ Erledige ich zu Beginn des Tages die Nummer-1-Aufgabe (höchste Priorität), um mir rasch ein Erfolgserlebnis zu verschaffen?
❷ Lasse ich bei der Tagesplanung/bei Fertigstellungsterminen genügend Spielraum?
❸ Habe ich Belastendes aus meinem Blickfeld weggeräumt (z.B. in die Wiedervorlage)?

Unvorhergesehenes kommt oft

Erstens kommt es anders und zweitens als man denkt!

Wer wünscht sich nicht, dass der Arbeitstag so verläuft, wie er vorhergeplant, wie er vorausgedacht wurde. Von so manchem Planungsmuffel kann man als Ausrede für das eigene Nicht-planen-Wollen folgendes Argument hören: *„Was nützt die beste Planung, wenn dann doch alles ganz anders wird? Das ist ja nur reine Zeitverschwendung."*

Bedenken Sie jedoch:

1. Teile des Plans können (beinahe) immer eingehalten werden. Der Prozentsatz variiert nur eben.
2. Es liegt an Ihnen zu entscheiden, wie Sie auf das unvorhergesehene Ereignis reagieren, ob Sie ihm den Vorzug geben oder doch bei Ihrer Planung bleiben. Ohne Plan lassen Sie sich sehr leicht von dringenden Angelegenheiten diktieren - mit Plan fällt diese Entscheidung häufig anders aus.

Planen Sie Zeit für Unvorhergesehenes ein

Planen Sie Unvorhergesehenes wie jede andere Aufgabe auch in Ihren Tagesplan ein. Dann ist zwar die Aktivität selbst noch immer nicht geplant, aber Zeit dafür ist vorgesehen.

MEIN TAG		
Zeit für:	**%-Anteil**	**Stunden**
Aufgabe A1	___%	
Aufgabe A2	___%	
Aufgabe A3	___%	
Routine (Post, Pausen usw.)	___%	
Spontanes	≈20%	≈1,6
UNVORHERGESEHENES	**≈20% oder mehr**	**≈1,6**
Σ	100%	8

Der Prozentsatz richtet sich nach dem Grad der Fremdbestimmtheit. So ist etwa bei Arbeitsplätzen mit hoher Kundenfrequenz mehr Zeit dafür einzukalkulieren - wie z.B. im Verkauf.

Der Umgang mit dem Unvorhergesehenen

Viele geben dem Unvorhergesehenen den Vorzug.

Viele neigen dazu, dem unvorhergesehenen Ereignis den Vorrang zu geben und die gerade in Arbeit befindliche Aufgabe wegzuschieben. Vor allem, wenn es sich um eine dringende Angelegenheit handelt, wird diese sofort in Angriff genommen; z.B. ein Kunde ruft an, der ein dringendes Angebot braucht, ein Kollege bittet um die sofortige Erledigung einer bestimmten Aufgabe.

Wie wäre es mit folgender Vorgangsweise:

1.	Entscheiden Sie sich für die Erledigung des Unvorhergesehenen, falls Sie eine der folgenden Fragen mit JA beantworten: a) Ist die unvorhergesehene Aufgabe wichtiger als jene, mit der ich gerade beschäftigt bin? b) Handelt es sich um eine höchst dringliche Angelegenheit, die erledigt werden muss und keinen Aufschub duldet? c) Hat sich für mich eine gute Gelegenheit ergeben, die ich unbedingt beim Schopf packen sollte?
2.	Ansonsten sollten Sie die unvorhergesehene Aufgabe für später einplanen und mit der unterbrochenen Aufgabe fortfahren.

Machen Sie Unvorhergesehenes vorhersehbar

Aus Unvorherseh-barem „Vorhersehbares" machen.

Unvorhergesehenes bedeutet dem Wortsinn nach, dass etwas nicht vorhersehbar ist. Nun stellt sich die Frage: *„Ist wirklich alles so unvorhersehbar, wie wir meinen? Können wir nicht einen Teil des Unvorhersehbaren vorhersehbar bzw. planbar machen, vorwegnehmen?"*

Hier einige Beispiele als Denkanstoß:

Zeiten für Unvorhergesehenes einschränken	➪ Fixe Telefonzeiten einführen. (*Wir sind für Sie erreichbar von ... bis ...*). ➪ Fixe Besucherzeiten, Besprechungstage einführen. (*Besuchen Sie uns - täglich von 10.00 bis 13.00 Uhr*). ➪ Tägliche oder wöchentliche Besprechungen mit Kollegen und Mitarbeitern einführen (= Jour fixe).
„Schmerzpatienten" einplanen	➪ Berücksichtigen Sie „Schmerzpatienten" in Ihrer Planung. Beispiel: Ein Zahnarzt kann sich nicht den ganzen Tag mit Terminen „zupflastern", denn er muss immer damit rechnen, dass ein „Schmerzpatient" seine sofortige Hilfe benötigt. Möchte er also nicht mit allen weiteren Terminen in Verzug geraten, kommt er nicht umhin, dafür vorsorglich Zeit einzuplanen.
Pufferzeiten einrechnen	➪ Termine, die Sie selbst bestimmen können, sollten Sie immer großzügig planen. Unerwartete Probleme bringen Sie dann nicht so unter Zeitdruck.
Planen Sie Ihre Kunden	➪ Überlegen Sie, wie Sie Kunden zu einer regelmäßigen bzw. vorgeplanten In-Anspruchnahme einer Leistung führen können (Beispiel: ein Friseur vereinbart gleich den nächsten Besuch mit dem Kunden, auch wenn dieser erst in zwei Monaten sein wird).
Berücksichtigen Sie Trends	➪ Beobachten Sie die Trends in Ihrer Branche, auf Ihrem Arbeitsgebiet, dann treten die unerwarteten Ereignisse etwas erwarteter ein.

❶ Gibt es Aufgaben, die ich ohne großen Schaden „in den Papierkorb" werfen kann, weil sie eigentlich ziemlich unwichtig sind?
❷ Verschaffe ich mir regelmäßig einen schriftlichen Überblick über meine Arbeit?
❸ Gelingt es mir, meinen Tag am Vorabend zu planen?

Wochen- und Monatspläne

Wochen-/ Monatspläne für längerfristige Ziele.

Wochen- und Monatspläne dienen dazu, Ihren längerfristigen Zielen, Ihren wichtigen Aufgaben Zeit und Raum zur Verwirklichung einzuräumen.

Tagespläne für Termine, Aktuelles, Kurzfristziele.

Bei **Tagesplänen** stehen Aspekte wie Dringlichkeit, Terminfixiertheit und Erfordernisse des aktuellen Geschehens im Vordergrund.

Der Wochenplan

Wann erstellen:	♦ immer am Freitag für die kommende Woche
Zeitbedarf:	♦ ca. 20 Minuten
Inhalt:	♦ Was will ich bis Ende kommender Woche erreicht haben? ♦ Aktivitäten aus dem Monatsplan/aus der Aktivitätenliste. ♦ Offen gebliebene Aufgaben der abgelaufenen Woche.
Was Sie noch einplanen sollten:	♦ Zeiten für Kreatives einplanen. ♦ Lesestunden vorsehen.
Der besondere Tipp:	♦ Reservieren Sie „stille Stunden“ als wären es fixe Termine. Es sind eben Termine mit Ihnen selbst.
Worauf Sie bei Ihrer Planung besonders achten sollten:	♦ Nehmen Sie sich nicht zuviel vor. Fixe Termine und wiederkehrende Tätigkeiten nehmen meist mehr Zeit in Anspruch, als wir wahrhaben wollen. ♦ Berücksichtigen Sie die Wochenstörkurve. Wann ist es ungünstig, wichtige Arbeiten einzuplanen?

Liste der wiederkehrenden Aufgaben mit geschätztem Zeitbedarf in Stunden:

Wiederkehrende Aktivität	MO	DI	MI	DO	FR	Σ
Post bearbeiten + Organisatorisches	1 h	1 h	1 h	1 h	1 h	5 h
Jour fixe	1,5 h					1,5 h
Werksrundgang	2 h	1 h	1 h	1 h	1 h	6 h
Werksleitersitzung			3 h			3 h
Baustellenbesuche				4 h		4 h
Produktionsbericht					1,5 h	1,5 h
Rechnungen kontrollieren + abzeichnen				2 h		2 h
Planung der nächsten Woche					0,5 h	0,5 h

Mehr als die Hälfte der Wochenarbeitszeit ist im Beispiel mit wiederkehrenden Aufgaben belegt. Berücksichtigt man dann noch die Zeiten für die bereits fixierten Termine, bleiben oft nur mehr wenige Stunden, um sich weiteren Aufgaben zu widmen.

NEIN zu Unwichtigem, damit Wichtiges erledigt wird.

Nützen Sie die verbleibende Zeit und sagen Sie konsequent NEIN zu unwichtigen Aufgaben, mögen diese auch noch so dringend sein, sonst bleibt im Endeffekt keine Zeit mehr für Wichtiges.

Der Monatsplan

Wann erstellen:	♦ zu Monatsbeginn bzw. kurz vor Monatsende
Zeitbedarf:	♦ ca. 1 Stunde
Inhalt:	♦ Was will ich bis Ende des Monats erreicht haben? ♦ Aktivitäten aus dem Jahresplan/aus der Aktivitätenliste/ aus Projektplänen. ♦ Was ist vom abgelaufenen Monat noch offen?
Was Sie noch einplanen sollten:	♦ Auch private Ziele einplanen, sonst finden Sie zuwenig Zeit dafür. ♦ Was werden Sie für Ihre Weiterbildung tun?
Worauf Sie bei Ihrer Planung besonders achten sollten:	♦ Auch hier gilt das Motto: Planen Sie realistisch. Sie machen sich am Monatsende damit selbst ein Geschenk, wenn Sie möglichst alle geplanten Aktivitäten als erledigt abhaken können.

Liste der wiederkehrenden monatlichen Tätigkeiten:

Monatliche Aktivitäten
Monatsplan erstellen
Jahresplan durchsehen
Lebensziele durchlesen
Meine Erfolgsliste ergänzen
Ein Buch lesen
Nutzen bieten - wem?

Warum ist es so wichtig, realistisch zu planen:

Unrealistische Pläne führen zu einer verminderten Leistung.

Erfahrungsgemäß ist unser Leistungsvermögen größer, wenn wir eine realistische Möglichkeit sehen, die Pläne zu verwirklichen. Warum? Weil im umgekehrten Fall ein Teil der Energie gebunden wird an die negativen Gedanken des Nicht-schaffen-Könnens, an Stressreaktionen des Körpers, an Frustgefühle. Diese so gebundenen Energien fehlen uns für die Erledigung der Aufgaben.

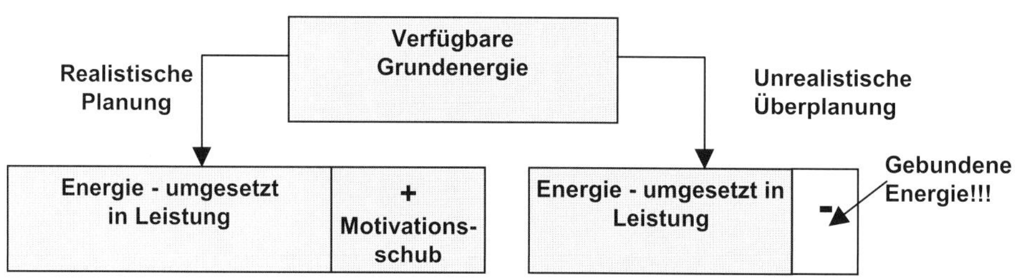

❶ **Lege ich eine Reihenfolge für meine Arbeiten fest?**
❷ **Gebe ich wichtigen, geplanten Aktivitäten den Vorzug gegenüber den ungeplanten, weniger wichtigen Aufgaben, die während des Tages auf meinem Schreibtisch landen?**
❸ **Kann ich den Zeitbedarf für meine Aufgaben gut abschätzen?**

Mit dem Zeitplanbuch zum Erfolg

„Gebraucht der Zeit, sie geht so schnell von hinnen! Doch Ordnung lehrt Euch Zeit gewinnen.“

(Goethe)

Grundlegendes zu Zeitplanbüchern

Zeitplanbücher sind mehr als in Leder gefasste Terminkalender.

- Zeitplanbücher sind viel mehr als ein edel gestylter Terminkalender mit Adressregister und mit bis ins Detail durchgestalteten Formularen.
- Hinter Zeitplanbüchern steckt eine Philosophie, eine ausgefeilte Methodik. Wer bereit ist, sein Leben danach auszurichten, kann jenen Nutzen daraus ziehen, den die Anbieter von derartigen Planungsinstrumenten versprechen.

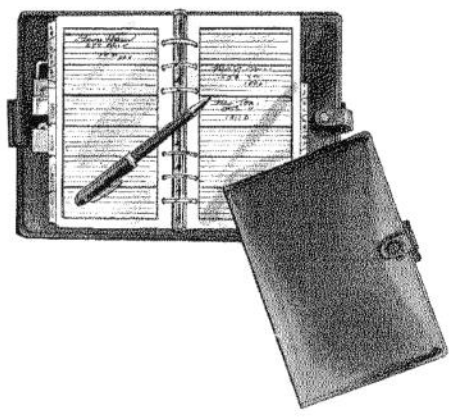

Mit dem Zeitplanbuch zum wahren Zeitmanager werden.

Wer seine Zeitprobleme in den Griff bekommen möchte, ... Wer ein wahrer Manager seiner Zeit werden möchte, ... Wer nicht nur arbeiten, sondern auch erfolgreich in der Verwirklichung seiner Ziele sein möchte, ... Wer für Berufliches und Privates Zeit haben möchte, ...	**... der hat mit einem Zeitplanbuch ein wertvolles, unterstützendes Instrument in der Hand!**

Zeitplanbücher als schriftliches Gedächtnis:

- Zeitplanbücher sind Terminkalender, Planungsinstrument, Adress- und Telefonregister, Notizbuch, Ideenspeicher, Nachschlagewerk in einem.

Zeitplanbücher sind unsere ständigen Begleiter:

- Zeitplanbücher gibt es fast wie „Sand am Meer“. Es gibt nicht „das“ beste Zeitplanbuch. Die zugrundeliegenden Philosophien und Methoden sind verschieden. Wählen Sie jenes Buch aus, das Ihrem Arbeitsstil am meisten entgegenkommt.

Ein Buch, das ich gerne in die Hand nehme.

- Entscheiden Sie sich für ein Buch, das Sie gerne in die Hand nehmen. Auch der Stift ist wichtig. Wählen Sie einen Druckbleistift (keinen Kuli zwecks Radieren), mit dem Sie gerne schreiben.
- Ein wesentliches Kriterium stellt die Größe (DIN A5, A6) dar. Für welche Sie sich entscheiden ist erstens Geschmacksache und zweitens abhängig von der persönlichen Anwendung.

Zeitplanbücher sind Zeitsparbücher:

10 - 30% Zeit gewinnen.

- Bei richtiger Verwendung eines Zeitplanbuches können Sie je nach bisherigem Organisiertheitsgrad 10 - 30% der Arbeitszeit einsparen.

Zielgerichtetes Handeln führt automatisch zum Erfolg.

Sich Gedanken über die längerfristigen Ziele machen.

Das Zeitplanbuch als Zielplan- und Zielerreichungsinstrument:

- Die angebotenen Formulare helfen Ihnen bei konsequenter Anwendung, sowohl Ihre beruflichen als auch Ihre privaten Ziele zu erreichen. Langfristige Ziele fließen in Ihre Monats- und Tagespläne ein. Auf diese Weise arbeiten Sie permanent daran und der Erfolg ist Ihnen sicher.
- Das setzt natürlich voraus, dass Sie sich Gedanken über Ihre längerfristigen Ziele machen, was Sie auch tun sollten, wenn Sie kein Zeitplanbuch verwenden.
- *„Nachdem wir unser Ziel endgültig aus den Augen verloren hatten, verdoppelten wir unsere Anstrengungen." (Mark Twain)*
  Es geht beim Zeitmanagement nicht darum, möglichst aktiv zu sein, einen übervollen Terminkalender zu haben (dann sind wir nämlich wichtig in den Augen der anderen), sondern es geht darum, das Richtige und Wichtige zu tun, d.h. **Produktivität anstatt bloßer Aktivität** - und dazu bedarf es Zielen und Prioritäten.

Das Zeitplanbuch als Tagebuch - als Glückstagebuch:

- *Dr. Gustav Großmann*, ein deutscher Arbeitsmethodiker, hat die Vorstufe zum heutigen Zeitplanbuch als **Glückstagebuch** bezeichnet.
- In vielen Zeitplanbüchern finden Sie wertvolle Tipps und aufbauende Gedanken für den Tag.
- Das Zeitplanbuch ist gleichzeitig ein Tagebuch, weil darin alle Ihre Tagesaktivitäten sowohl beruflich als auch privat verzeichnet sind. Wenn Sie diese sammeln, haben Sie eines Tages eine lückenlose Aufzeichnung Ihres Lebens.
- Nehmen Sie sich zusätzlich jeden Tag zum Abschluss noch fünf Minuten Zeit, um den Tag zu bewerten. War es ein guter, ein weniger gelungener Tag oder vielleicht sogar ein Glückstag?

Eine Erfolgsliste zur persönlichen Motivation.

- Führen Sie eine **Erfolgsliste**, in der Sie alle Ihre Erfolge aufzeichnen, damit sie nicht verloren gehen. Lesen Sie die Liste öfter mal durch, um sich zu motivieren - insbesondere dann, wenn Sie einen seelischen „Durchhänger" haben.

Das Zeitplanbuch als Notizbuch und Ideenspeicher:

- Erstellen Sie sich ein Stichwortverzeichnis für Ihr Zeitplanbuch, an Hand dessen Sie Ihre Aufzeichnungen einordnen.
- Verwenden Sie Ihr Alphabetregister (für Adressen und Telefon) gleichzeitig als Ideen- und Notizenregister. Ein Beispiel dazu:

A	Aktivitäten	H	Hauptaufgaben	S	Sprüche
	Auto	I	Ideenspeicher		Sparbücher
	Ausflugsideen	K	Kundenliste	T	Telefonnotizen
B	Buchideen		Kilometerbuch	U	Urlaubsideen
C	CDs	L	Lebensziele		Urlaubsplanung
D	Danke sagen	M	Mängelliste	V	Verbesserungen
E	Erfolgsliste	N	NEIN sagen	W	Witze
F	Fehlerliste	P	Projektliste		Wünsche
G	Geschenkideen	R	Reisespesen	Z	Ziele
	Geburtstage		Restaurants		Zugzeiten

❶ Ist mein Tagesplan realistisch oder nehme ich mir immer zu viel vor?
❷ Arbeite ich nach dem Prinzip: Wichtiges vor Dringendem?
❸ Lasse ich mich unnötig unterbrechen?

Ausmisten

Ausmisten - ein Hauptgebot bei der Ablage.

Eine der wesentlichen Aufgaben im Zusammenhang mit der Ablage ist das **Ausmisten** und **Wegwerfen**, weil

1. viele **Informationen** schon wieder längst **veraltet** und damit unbrauchbar sind;
2. ansonsten die **Aktenschränke überquellen** und immer neuer Platz für Ablage geschaffen werden muss;
3. die **Suchzeit** für das Wiederfinden in anwachsenden Ablagebergen **überproportional** (exponentiell) zur gesammelten Ablagemenge **steigt**, d.h. der Zeitaufwand für das Finden wird immer größer und größer.

Die jährlichen „Ablagetage“ fix einplanen

Ein bis zwei „Ausmist“-Tage im Jahr vorsehen.

1. Planen Sie mindestens ein- bis zweimal jährlich ca. einen halben bis einen Tag für Ihre Ablage ein.

2. Planen Sie die Bearbeitung der Ablage in Zeiten ein, wo es in Ihrer Arbeit etwas ruhiger zugeht, z.B. an einem Tag in der Sommerurlaubszeit und einem Tag zwischen Weihnachten und Neujahr - die Termine sind natürlich branchenabhängig.

Wegwerfen mit System

Bis zu 75% der Ablage ist überflüssig!

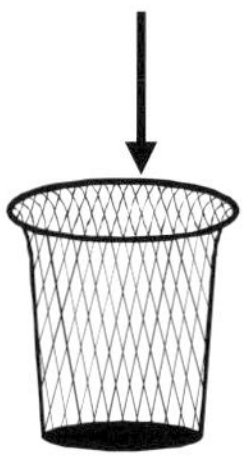

Die meisten von uns legen viel zu viel ab und werfen viel zu wenig weg, weil wir glauben, die Informationen irgendwann einmal gebrauchen zu können. Dabei können wir auf einen Großteil der gesammelten Informationen dann gar nicht zurückgreifen, weil wir nicht mehr wissen, dass wir sie haben.

In einem sog. „normalen“ Büro könnten **bis zu 75% der gesammelten Unterlagen in den Papierkorb** wandern.

Dieses „Abspecken“ der Ablage bringt enorme Vorteile:

1. Die Suchzeit für die vorhandenen Informationen verringert sich drastisch,

2. Sie haben wieder genügend Platz, um neues Material zu sammeln,

3. und so ganz nebenbei aktualisieren Sie Ihren Informationsstand über das vorhandene Material.

Kriterien für das Ausmisten und Wegwerfen

Beantworten Sie folgende Fragen:

1.	Muss das nicht auch wer anderer ablegen? (z.B. eine Rechnung ➪ Buchhaltung einen Rundlauf ➪ Personalbüro)
2.	Was ist das Schlimmste, was passieren kann, wenn ich diese Unterlagen nicht mehr habe? Welcher Schaden kann dadurch entstehen? Beispiel: Einen Prospekt kann ich mir mit sehr geringem Aufwand wiederbeschaffen ➪ ein kurzes Telefonat genügt.
3.	Ist die Information überhaupt noch aktuell? (alte Preislisten, Prospekte, ...)
4.	Habe ich überhaupt noch gewusst, dass ich die Unterlagen aufbewahrt habe? ➪ ein sehr häufiger Fall

Erstellen Sie einen Aufbewahrungsplan

Wie lange soll das Schriftgut aufbewahrt werden?

1. laut gesetzlicher Aufbewahrungsfrist
2. laut betrieblicher Aufbewahrungsfrist

	Aufbewahrungsfrist		
Art des Schriftgutes	**gesetzlich**	**betrieblich**	**Bemerkung**
Aktenvermerke	---	2 Jahre	
Angebote mit Auftrag	x Jahre	x Jahre	
Angebote ohne Auftrag	---	1 Jahr	
Prospekte	---	laufend	Austausch alte Version
Rechnungen	x Jahre	x+1 Jahre	
...			

✔ Tipp

Mut zum Ausmisten

Wenn es Ihnen an der nötigen Entschlossenheit fehlt, Unterlagen wegzuwerfen, die Sie eventuell ja irgendwann doch brauchen könnten, dann legen Sie sich eine Zwischenablage an, z.B. in Form einer **„Bananen-Schachtel“** im Archiv.

Sie haben dann das Gefühl, notfalls doch noch Zugriff auf die Unterlagen zu haben - sollte dieser unwahrscheinliche Fall eintreten - und andererseits entlasten Sie doch Ihre Ablage im Büro.

➊ Zeichne ich meine Erfolge schriftlich auf, um mich selbst zu motivieren?
➋ Habe ich schon einen Plan für den nächsten Monat erstellt?
➌ Lasse ich Unvorhergesehenes liegen, wenn ich gerade mit einer wichtigen Aufgabe beschäftigt bin?

Ablegen und Wiederfinden von Informationen

Das Ablegen und Suchen von Informationen kostet Zeit.

Bis zu ¼ der Arbeitszeit geht für´s Suchen von Informationen verloren.

Bis zu **25% der Zeit** wird in Büros dazu verwendet, um Informationen verschiedenster Art zu **suchen** (Unterlagen, Prospekte, Listen, Briefe, Namen, Telefonnummern, Notizen usw.). Diese Tatsache zeigt, wie wichtig es ist, eine gut organisierte Ablage bzw. Informationsspeicherung zu haben.

Organisation der Ablage

Das **Ziel der Ablage** ist es, möglichst rasch jegliche Art von Information wiederzufinden, die wir benötigen. Das heißt also:

Ablage	
Wie lege ich ab?	Was lege ich ab?
▼	▼
Suchkriterium ist entscheidend!	**Weniger ist mehr!**

Wie lege ich ab?

Die Ablage ist so zu organisieren, dass der **Suchaufwand minimal ist.**

Ich frage mich also nicht: *Wie lege ich am einfachsten, bequemsten bzw. schnellsten ab?*

Wonach suche ich?

sondern: *Wonach suche ich später?*
Was sind meine Suchkriterien?

Beispiel:
Wenn ich meine Geschäftskorrespondenz immer nach inhaltlichen Kriterien suche, dann ist es nicht sehr sinnvoll, diese alphabetisch nach Kundennamen abzulegen, was zwar einfacher beim Ablegen ist, aber nicht unbedingt hilfreich beim Wiederfinden. In diesem Fall benötige ich ein Stichwort-System, an Hand dessen, ich die Schriftstücke einordne.

Was lege ich ab?

Weniger ist mehr!

So mancher Sammler würde am liebsten jedes Zettelchen ablegen, denn die Information könnte ja irgendwann wichtig sein für die Arbeit. Im Prinzip mag das schon zutreffen, aber dadurch würde die Ablage ins Unermessliche wachsen und unter den Massen von Papieren wäre dieses „Zettelchen“ sowieso nur mit sehr hohem Suchaufwand wiederfindbar.

Stellen Sie also eine Kosten-Nutzen-Rechnung auf, denn je mehr Sie ablegen und je dicker Ihre Akten werden, umso größer wird der Aufwand für das Suchen: **Die Suchzeit steigt nämlich exponentiell zur Ablagemenge.**

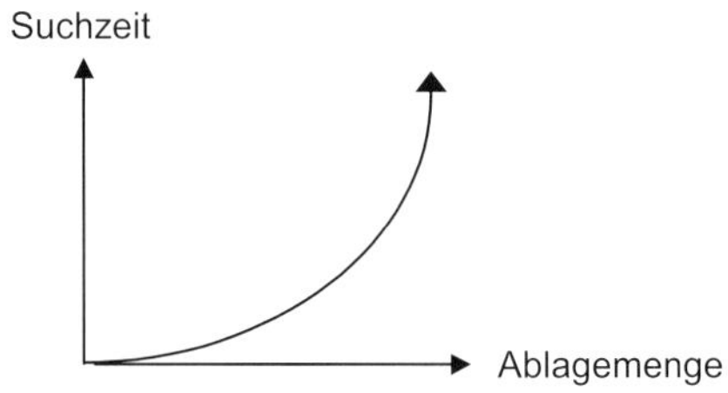

Der Papierkorb - die zeitsparendste „Ablageart“

Der Papierkorb hilft Zeit sparen.

- Werfen Sie möglichst viel weg!
- Fragen Sie sich, bevor Sie etwas ablegen, ob Sie die Information wirklich in Zukunft verwenden werden bzw. ob Sie danach suchen werden?
- Viele Informationen sind im Falle des Falles relativ rasch wiederbeschaffbar und können deshalb auch in den Papierkorb wandern. (z.B. EDV-Auswertungen, Produktinformationen)

Zwei Ablagesysteme im Vergleich

Statt mehr als zehn nur zwei Griffe.

Eine ordentliche Ablage genügt nicht, sie muss in erster Linie **praktikabel** sein.

Ablagesystem	Mappen - Hängeregistratur	Ordner
	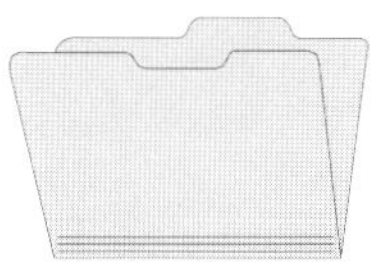	
eignet sich besonders gut für:	♦ Kurzfristablage ♦ wenn man häufig etwas hineingibt und herausnimmt ♦ Arbeitsplatzregistratur, da geringer Raumbedarf ♦ für Schriftgut bis max. 3 cm	♦ Langfristablage ♦ für umfangreicheres Schriftgut
Zugriffszeit	♦ nur wenige Handgriffe notwendig: Mappe auf / Schriftgut hinein	♦ sehr viele Handgriffe notwendig: Ordner heraus / Ordner aufschlagen / Befestigung auf / Schriftgut umschlagen / Locher zur Hand / Papier lochen / Ordner auf / Schriftgut hinein / Ordner zu / Papierberg zurückschlagen / Befestigung zu / Ordner zu / Ordner zurück

❶ **Versehe ich jedes Schriftstück mit einem Bearbeitungsvermerk?**
❷ **Mache ich mir während eines Telefonats Notizen?**
❸ **Orientiere ich mich bei meiner Arbeitsplanung an meinen Hauptaufgaben?**

Ablageordnung und Ablageplan

Wie kommt man zu einer Ablageordnung?

Möglichkeiten zur Strukturierung der Ablage:

1. Erstellen der Ablageordnung anhand Ihrer Hauptaufgaben, die Sie zu erledigen haben.
2. Erstellen der Ablageordnung ausgehend von der bisherigen Ablage.

Wichtig bei der Erstellung einer Ablagestruktur ist, diese nicht zu stark zu unterteilen. Als Richtwerte gelten:

Hauptgruppe/Hauptkriterium/ Hauptstichwort	**Untergruppe/Unterstichwort**
max. 10 Hauptgruppen	**max. 10 Unterteilungen je Hauptgruppe**
1.	1.1. 1.2. ... 1.10.
2.	2.1. ... 2.10.
...	...
10.	10.1. ... 10.10.

Farben strukturieren optisch.

Eine **farbliche Markierung** der Unterteilungen gliedert die Ablage zusätzlich optisch.

1. Ablagegliederung nach den zu erledigenden Hauptaufgaben.

Frage: *„Was muss ich wissen, damit ich meine Aufgaben gut erledigen kann?"*
„Was brauche ich von der Ablage?"

Passen Sie Ihre Ablageorganisation an Ihre **„Haupt-Sucharbeiten"**, die bei Ihren Hauptaufgaben vorkommen, an - damit sparen Sie am meisten Zeit ein und erledigen Ihre wichtigsten Aufgaben rationell.

2. Ablageordnung ausgehend von der vorhandenen Ablage.

a) Sammlung von Stichworten
(für jeden Ordner, jede Ordner-Unterteilung, jede Mappe einen eigenen Zettel schreiben)

→ **b) Gruppenbildung**

→ **c) Struktur für die Ablage bilden**

Gruppenbildung von thematisch zusammengehörenden Stichworten.

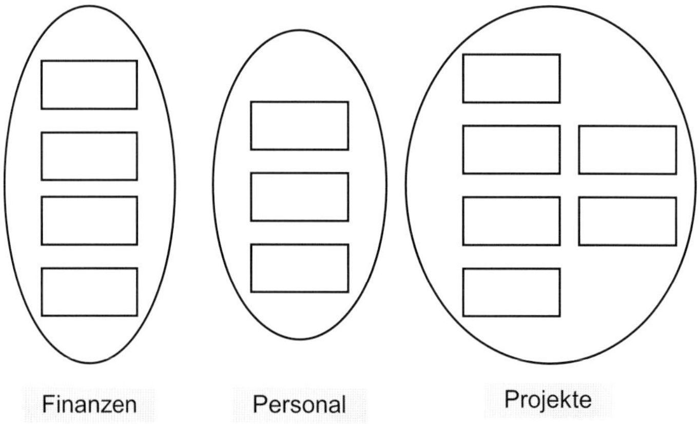

Der Ablageplan

Der Ablageplan gibt Antworten auf folgende Fragen:

Wo lege ich ab?

1. Wo lege ich ab?
   ➪ Ein abzulegendes Schriftstück kann richtig eingeordnet werden.

Wo finde ich was?

2. Wo finde ich was?
   ➪ Schriftstücke sind schneller und gezielter auffindbar.

Was ist da?

3. Welche Informationen sind überhaupt vorhanden?
   ➪ Mit dem Aktenplan haben Sie einen Überblick über die vorhandenen Unterlagen.
   ➪ In vielen Firmen werden Informationen doppelt und dreifach beschafft, weil nicht bekannt ist, dass sie an anderer Stelle im Unternehmen bereits vorliegen.

Der Ablageplan ist dann besonders wichtig, wenn mehrere Personen auf dieselbe Ablage zugreifen ➪ Ablageplan **gemeinsam** erstellen.

Ein Ablageplan gehört laufend gewartet.

Mit dem einmaligen Erstellen eines Ablageplans ist es natürlich nicht getan. Er muss auch auf dem neuesten Stand gehalten werden.

Ablageplan		
Hauptgruppe	**Untergruppe**	**Ablageort**
Personal	*Arbeitsrecht, Tarife* *Ausbildung* *Freiw. Sozialeinrichtungen* *Lohn-/Gehaltsabrechnung* *Personalakte* *Personalauswahl* *Personalvertretung*	*Arbeitsplatz-Ablage* *Bereichs-Registratur* *Zentral-Registratur* *Archiv*
Projekte	*Projektmanagement* ...	

❶ Ist mir bekannt, wann meine Kollegen, Chefs und Mitarbeiter möglichst nicht gestört werden wollen?
❷ Habe ich schon einen Ablagetag eingeplant?
❸ Plane ich nach der 60:40-Regel (max. 60% des Tages werden fix verplant)?

Die geordnete Zettelwirtschaft

Zettelwirtschaft - eine Quelle ständiger Ärgernisse!

- *„Das habe ich mir doch irgendwo notiert! Wo habe ich bloß den Zettel hingelegt?“* - und die Suche beginnt.
- Zufällig fällt Ihnen eine Notiz in die Hand, die Sie vergessen hatten. Die Notiz wäre Ihnen zum richtigen Zeitpunkt sehr nützlich gewesen, aber leider, da war ja der Zettel „verschwunden.“

Schluss mit den verlegten Zetteln.

Machen Sie Schluss mit den Zetteln, die irgendwo auf dem Schreibtisch zwischen anderen Unterlagen, in Ihrem Aktenkoffer, in der Jackentasche oder anderswo verschwinden.

Schaffen Sie Ordnung in Ihren Aufzeichnungen!

Was benötigen Sie dazu:

1. ein System, das die Zettel zusammenhält
2. leere Zettel
3. Schreibstift
4. geeignete Form der Aufzeichnungen
5. Ablagesystem

1.	**System zum Zusammenhalten**
	♦ Ein System, das Ihre Zettel zusammenhält, schützt diese vor Verlust. Lose Blätter, insbesondere dann, wenn diese kleiner als DIN A5 sind, gehen sehr leicht verloren. Sie schieben sich zwischen andere Unterlagen, fallen auf den Boden und verschwinden unter Möbeln oder wandern versehentlich mit anderen Papieren in die Altpapierablage. Wer kennt nicht die hektische Sucherei nach wichtigen Aufzeichnungen. ♦ Möglichkeiten: ➪ Ordner mit Ringbuchmechanik ➪ Zeitplanbuch ➪ Klemm-Mappe ➪ Notizbuch mit herausnehmbaren Blättern ➪ Spiralblock
2.	**Leere Zettel**
	♦ Verwenden Sie nach Möglichkeit immer nur ein Format, also kein Mischmasch aus DIN A4, A5 und A6.
3.	**Schreibstift**
	♦ Benutzen Sie einen Stift, mit dem Sie gerne schreiben, den Sie gerne zur Hand nehmen. Probieren Sie´s einfach. Sie werden den Unterschied merken.

Etwas Ansprechendes versetzt uns in eine positive Stimmung.

4.	**Form der Aufzeichnungen**
	♦ Schreiben Sie gut lesbar, groß genug, gut gegliedert und übersichtlich. Sie haben viel mehr Freude damit, wenn die Notizen ordentlich aussehen. Sie nehmen sie auch viel lieber zur Hand. Wer arbeitet schon gerne mit einem unübersichtlichen „Gekritzel". ♦ Notieren Sie Ideen und Informationen nicht bunt gemischt auf einem Zettel. Verwenden Sie für jedes Stichwort, für jedes Sachgebiet ein eigenes Blatt zwecks späterer Ablage. ♦ Notieren Sie sich alles sofort, was Sie später benötigen werden, um damit einfach und bequem weiterarbeiten zu können, denn jetzt sind alle Informationen noch präsent, später müssen Sie sich erst wieder in die Sache hineindenken. z.B.: Schreiben Sie die weitere Vorgangsweise auf, geben Sie die notwendigen Unterlagen dazu, eruieren Sie die fehlenden Daten.
5.	**Ablagesystem**
	♦ Eine geordnete Ablage hilft Ihnen, die notwendigen Informationen dann verfügbar zu haben, wenn Sie diese benötigen. ♦ Erstellen Sie sich ein alphabetisches Stichwortregister. Notieren Sie auf jedem Blatt das entsprechende Ablagestichwort. A - Aufschieberitis ... B - Besorgen ... I - Ideen ... M - Mängelliste ... W - Werbung ... Z - Zeitfresser ♦ Legen Sie sich für bestimmte zusammengehörende Informationen Listen an wie etwa eine Büromaterial-Bedarfsliste oder eine Geschenkliste, die Sie ständig ergänzen. ♦ Möglichkeiten zur Ablage: ➪ Hängeregistratur mit Stichwortmappen ➪ Pultordner mit Alphabetregister ➪ Zeitplanbuch Erweitern Sie dazu Ihr Adressregister. ➪ Klarsichthüllen mit Deckblatt oder Klebe-Etikette für das Stichwort ➪ Ordner mit Alphabetregister Tipp: Verwenden Sie dafür Hüllen, die am linken und oberen Rand offen sind, so können Sie einzelne Zettel bequem und schnell ablegen und wieder herausnehmen.

Informationen gehören gewartet und verwertet

Sammeln sollte nicht zum Selbstzweck verkommen. Nutzen ist gefragt.

♦ Von Zeit zu Zeit ist es notwendig, das Stichwortsystem neu zu strukturieren, etwa wenn sich zu einem Thema eine Fülle von Informationen angesammelt hat, oder wenn sich auf Grund veränderter Anforderungen (z.B. eines neuen Aufgabenbereichs) eine andere Strukturierung als sinnvoller erweist.

♦ Informationen gehören nicht nur gesammelt, sondern auch umgesetzt und verwertet. Die besten Ideen bringen Ihnen nichts, wenn Sie keinen Nutzen daraus ziehen.

❶ Weiß ich, was ich in den nächsten Monaten, bis Jahresende erreicht haben will?
❷ Muss ich wirklich so viele Unterlagen und Notizen aufheben - kann ich nicht einen Teil davon wegwerfen?
❸ Was kann ich aus meinem Büro/von meinem Schreibtisch wegräumen/entsorgen?

Mit Checklisten zu mehr Qualität

Start frei für die Checklisten

Sicher kennen Sie die Szene aus dem Fernsehen: Im Flugzeug-Cockpit sitzen Pilot und Co-Pilot und bereiten anhand einer Checkliste den Start vor. Obwohl sie mehrmals wöchentlich fliegen - ohne Checkliste geht da gar nichts, denn alle Handgriffe müssen sitzen, die Reihenfolge muss stimmen.

Checklisten eignen sich natürlich nicht nur für komplizierte Abläufe, sondern können für fast alle Tätigkeiten aufgestellt werden, wenn
a) ähnliche Inhalte gleich ausgeführt werden
(z.B. Kofferpacken, Messe-Organisation, ...)
bzw.
b) der Inhalt verschieden, jedoch das Verfahren gleich ist
(z.B. Ideenfindung, Entscheidungsfindung, Problemlösung, ...)

Wir brauchen das Rad nicht jedes Mal wieder neu zu erfinden.

Checklisten haben eine Menge Vorteile:

- Zeitersparnis (ähnliche Vorgänge brauchen nicht immer wieder neu durchdacht werden) und folglich Kosteneinsparung
- Anleitung zum systematischen Arbeiten
- Arbeitsrationalisierung
- Entlastung des Gedächtnisses bei Routinearbeiten
- Sicherheit, dass keine wesentlichen Schritte vergessen werden (vor allem bei sehr umfangreichen Abläufen oder wenn die Aufgabe selten ausgeführt wird)
- Fehler werden nicht wiederholt
- positive Faktoren werden automatisch berücksichtigt
- gutes Hilfsmittel für Anfänger
- Aufgaben können leichter an Mitarbeiter übertragen werden
- Erleichterung bei der Arbeitsvertretung durch Kollegen
- Verwendung als Kontrollinstrument

Die Zeit für die Erstellung einer Checkliste ist gut angelegt!

Ich habe keine Zeit, um mir eine Checkliste zu erstellen.

Trotz der vielen Vorteile, die Checklisten bieten, werden sie viel zu wenig eingesetzt. Warum? Eine Grund ist schnell parat: *„Ich hab so viel zu tun! Ich habe kaum Zeit für die Aufgabe selbst! Wo soll ich da die Zeit hernehmen, mir erst eine Checkliste für die Aufgabe zu erstellen?“* Mit dem einmaligen Mehraufwand für die Erstellung einer Checkliste schaffen Sie sich in Zukunft wertvolle Freiräume für kreative Tätigkeiten. Sie sparen Zeit, Kosten und Energie.

Checkliste für das Erstellen einer Checkliste

1.	Arbeit auswählen, die durch eine Checkliste optimiert werden kann
2.	Grob-Checkliste erstellen
	Legen Sie einen Zettel auf den Schreibtisch, auf dem Sie alle Arbeitsschritte, die Sie gerade durchführen, festhalten: ♦ Was muss getan werden? ♦ Wer muss gefragt werden? ♦ Wer ist zu informieren? ♦ Was ist zu beachten? ♦ Welche Reihenfolge ist einzuhalten? ♦ Welche zeitlichen Bedingungen gibt es?
3.	Gestalten und Einführen der Checkliste
	Test auf Praxistauglichkeit (Vollständigkeit, Richtigkeit der Reihenfolge, Übersichtlichkeit, Aussagefähigkeit, praktische Verwendbarkeit).
4.	Laufende Wartung
	♦ Korrektur, falls Fehler festgestellt werden ♦ Verbesserung, falls nicht praxisnah ♦ Anpassung an neue organisatorische Gegebenheiten

✔ Tipp

Auch bei Checklisten brauchen Sie das Rad nicht immer wieder neu zu erfinden. In vielen Fällen finden Sie **in der Literatur zu bestimmten Aufgabengebieten fertige Checklisten**, die Sie direkt übernehmen bzw. als Basis für Ihre persönliche Liste verwenden können.

Formulare - eine besondere Form der Checkliste

Formulare strukturieren und geben einen Überblick.

Formular für ein Formular	
Formulare sind ein Hilfsmittel zur	❑ Sammlung von Informationen ❑ Weitergabe von Informationen
➪ damit nichts Wesentliches vergessen wird ➪ damit Sie alle wichtigen Informationen für eine Entscheidung vor sich haben	
Formulare sind	❑ selbsterstellt ❑ als Vordrucke erhältlich
Beispiele: Telefonnotiz, Kurzbrief, Tagesplan, ...	
Für welche Tätigkeit(en) erstellen Sie sich ein Formular zur Arbeitserleichterung?	
❑ ______________________	❑ ______________________
❑ ______________________	❑ ______________________

❶ Ist der Ablageplan schon erstellt?
❷ Erledige ich meine Aufgaben der Reihe nach (konzentriere ich mich auf eine Sache)?
❸ Welche Aufgaben könnte ich Kollegen oder Mitarbeitern übergeben?

NEIN sagen - wie geht das?

Einer der Hauptgründe dafür, dass wir keine Zeit haben, ist: **Wir können nicht NEIN sagen**. Bei dem Satz: *„Ich habe keine Zeit!"* drängt sich die Frage auf: *Wofür* haben wir keine Zeit? Wir sollten daher sehr genau überlegen, wie wir unsere **Zeit ver(sch)wenden**.

Jeder Mensch hat 24 Stunden pro Tag, das ist für alle gleich. Es kommt nur darauf an, wie ich diese, meine 24 Stunden mit Inhalt fülle.

Wofür gebe ich meine Zeit aus?

a) Lasse ich die anderen über mein Zeitguthaben verfügen, indem ich zu allem JA sage - oder
b) bin ich Meister über meine Zeit, indem ich NEIN sage, wenn ich NEIN denke?

Konsequenzen des NEIN-Sagens:	Konsequenzen des NICHT-NEIN-Sagen-Könnens:
♦ NEIN sagen zu den anderen bedeutet auch: *JA zu mir selbst sagen!* ♦ Ich bestimme selbst über meine Zeit. ♦ Ich tue das, was ich für richtig und wichtig halte. ♦ Ich lebe und gestalte mein Leben aktiv.	♦ JA sagen zu den anderen bedeutet auch: *NEIN zu mir selbst sagen!* ♦ Das Umfeld bestimmt über meine Zeit. ♦ Ich tue das, was die anderen von mir wollen. ♦ Ich werde gelebt, ich werde gestaltet.

Warum ist NEIN sagen so schwer?

NEIN sagen fällt vielen Menschen sehr schwer und so mancher gerät in einen inneren Zwiespalt **(Gewissenskonflikt)**:

Wir wollen nicht NEIN sagen, weil wir den anderen damit **verletzen, beleidigen, kränken, enttäuschen** könnten und die Konsequenzen daraus wollen wir nicht tragen.

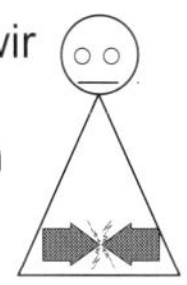

Eigentlich möchten wir die Bitte, den Wunsch, die Forderung des anderen gar nicht erfüllen, weil wir keine Zeit haben, weil es uns gerade nicht passt, weil wir ziemlich unter Druck stehen.

Weitere „gute" Gründe für´s Nicht-NEIN-Sagen:

Wir wollen es allen recht machen; wir fühlen uns verpflichtet; wir haben Angst, sonst unseren Arbeitsplatz zu verlieren; wir wollen uns unersetzbar machen; wir meinen, dass wir es am besten machen können; wir kommen uns sehr wichtig vor; wir sichern dadurch unsere Position ab; wir verlieren sonst einen Auftrag, einen Kunden; u.a.m.

Oftmals sagen wir JA - sind aber innerlich auf den anderen oder uns selbst böse, denn wir verleugnen unsere eigenen Bedürfnisse. Dieses Verhalten wurde uns in der Kindheit anerzogen (Botschaften wie *„Das kannst du doch nicht tun!", „Du musst immer hilfsbereit sein!", „Sei nicht so egoistisch!"* haben das Ihre dazu getan). Wir haben gelernt, dass es „besser" ist, eigene Bedürfnisse zu verdrängen, als dem anderen etwas abzuschlagen. **Aber ist das wirklich richtig?**

NEIN sagen mit Methode

Ein begründetes NEIN wirkt weniger verletzend.

♦ Ein NEIN immer begründen	*„NEIN, das ist mir nicht möglich, weil ..."*
♦ Vorteile des NEINs für den anderen deutlich machen	*„Wenn ich heute nicht mit dir ins Kino gehe und stattdessen die fällige Steuererklärung fertig mache, dann haben wir morgen einen gemeinsamen freien Sonntag."*
♦ NEIN vorankündigen	*„Heute helfe ich dir nochmals dabei, aber nächstes Mal musst du dir jemand anderen suchen."*
♦ NEIN mit Alternative anbieten	*„Ich habe heute keine Zeit für dich, da ich noch eine Arbeit erledigen muss. Ich kann mir aber am Donnerstag oder Freitag für dich Zeit nehmen. Wann würde es dir passen?"*
♦ NEIN als Marketing-Argument	*„Unsere Firmenphilosophie ist es, allen unseren Kunden unabhängig vom Auftragsvolumen dieselben Preiskonditionen zu bieten, deshalb können wir Ihnen diesen Rabatt nicht gewähren."*
♦ NEIN, es sei denn ...	*„Ich kann heute abend nicht länger arbeiten, weil ich noch einige Besorgungen zu machen habe, es sei denn ich kann morgen dafür früher weggehen."*
♦ Warum gerade ich?	*„Gibt es nicht eine andere Person, die ...? Haben Sie schon daran gedacht, ... zu fragen?"*
♦ Mit NEIN experimentieren - Konsequenzen erfragen	*„Wäre es sehr schlimm für dich, wenn ich jetzt NEIN sage?"* *„Was würde passieren, wenn ich NEIN sage?"*
♦ Nicht sofort entscheiden, sondern um eine Nachdenkpause bitten.	*„Kann ich dir die Antwort morgen geben, ich möchte das erst in aller Ruhe überdenken?"* Ein JA ist schnell gesagt, die Folgen können oft jahrelang währen, wenn wir uns etwa bereit erklären, eine bestimmte Funktion in einem Verein zu übernehmen.

✔ Tipp

NEIN sagen müssen Sie ständig üben

NEIN zu sagen lernt man nicht von heute auf morgen, üben Sie daher täglich ein kleines NEIN. Belohnen Sie sich dafür, besonders wenn Ihnen ein NEIN sehr schwer gefallen ist.

❶ Habe ich schon Ordnung in meine Aufzeichnungen, Notizen gebracht?
❷ Welche Informationen kann ich besser organisieren, damit ich mir lange Suchzeiten erspare?
❸ Welche Arbeiten verbrauchen unnötig viel Zeit (vor allem, wenn es nur mir wichtig ist)?

NEIN zum unüberlegten JA

„Die Fähigkeit NEIN zu sagen, ist ein Schlüssel zum Umgang mit der Zeit."

Verpflichtungen eingehen heißt Zeitschulden machen.

Mit jeder Zusage, mit jeder Verpflichtung nehmen wir eine Belastung auf uns. Mit jedem *„JA, das erledige ich", „JA, das übernehme ich."* gehen wir eine Schuld ein, nämlich eine **Zeitschuld**. Wir verpflichten uns, einen Teil unseres nicht vermehrbaren Zeitguthabens für eine bestimmte Sache herzugeben. Wir haben eine Schuld zu tilgen.

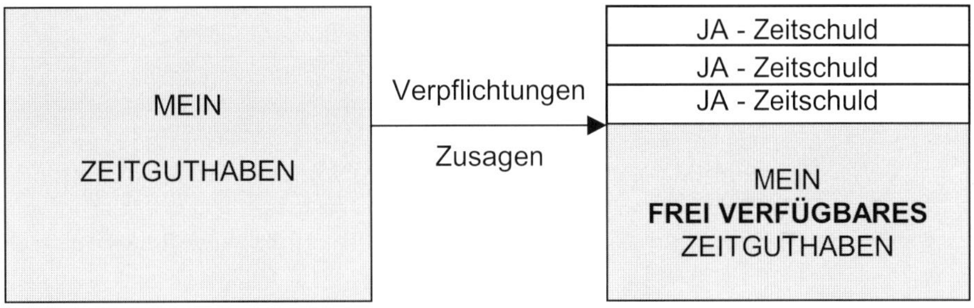

Die Konsequenz aus unüberlegten JAs, aus nicht ausgesprochenen NEINs:

- ➪ je mehr wir solche JAs geben, desto schneller schrumpft unser Zeitkapital
- ➪ die eigenen Angelegenheiten können nur mehr zeitsparsamst behandelt werden
- ➪ wir sind ständig in Zeitnot, da wir mehr Zeit bräuchten
- ➪ für vieles von dem, was wir gerne täten bleibt überhaupt nichts mehr übrig
- ➪ wir geben unser Zeitkapital nicht gewinnbringend aus, d.h. wir verschwenden sozusagen einen Teil unseres Kapitals

Bevor Sie das nächste Mal JA sagen, um eine weitere Zeitschuld einzugehen:

Vor jedem JA innehalten und nachdenken.

1. Welche Zeitschuld gehe ich damit ein?
2. Welche Konsequenzen hat diese Zusage?
3. Gibt es Folgewirkungen?
4. Welche wichtige Arbeit leidet darunter?
5. Mache ich die Zusage nur, weil ich mich „aufgewertet" fühle?
6. Will der andere durch Schmeichelei bei mir etwas erreichen?
7. Wozu sage ich NEIN, wenn ich diese Verpflichtung eingehe?

NEIN bedeutet nicht Verweigerung

NEIN sagen können, um Zeit zu haben, sollte also keinesfalls heißen, dass
- ich in Zukunft alles und jedes verweigere,
- ich zum totalen Egoisten werde,
- ich jeden Wunsch, jede Bitte, die an mich herangetragen werden, abschlage (helfen können und helfen dürfen ist etwas Wunderbares und sehr Lebensbereicherndes).

NEIN sagen sollte lediglich bedeuten, dass
- ich mir in Zukunft sehr genau überlege, wann ich eine Zeitschuld eingehe,
- es für meine Zeitverwendung Prioritäten gibt,
- ich das tue, was für mich wichtig und wertvoll ist - und das kann natürlich sehr oft auch heißen: JA zum anderen.

Es ist ganz alleine meine Verantwortung, ob ich JA zu mir selbst sage oder mich von den anderen mehr oder weniger häufig für ihre Zwecke benutzen lasse. Ein treffender Spruch der Familientherapeutin *Virginia Satir* lautet dazu:

*„Ich bin nicht auf dieser Welt, um deinen Wünschen zu entsprechen,
du bist nicht auf dieser Welt, um meinen Wünschen zu entsprechen,
ich bin ich und du bist du,
und wenn wir uns durch Zufall treffen, ist das sehr, sehr schön."*

Ein klares NEIN macht den anderen frei

Lieber ein unehrliches JA als ein ehrliches NEIN?

Die Einsicht, dass wir mehr NEIN sagen sollten, mag ja sehr einleuchtend sein, aber trotzdem können wir uns oft genug nicht dazu durchringen und sagen lieber ein unehrliches JA anstelle eines ehrlichen NEINs bzw. wir erfinden eine Ausrede. Gründe dafür sind:
- NEIN zu sagen ist fast ein Tabu (das gehört sich nicht, da ist man egoistisch).
- Wir sagen nicht NEIN aus Angst, die Liebe und Zuwendung anderer zu verlieren.
- Wir fürchten die Aggressionen, die wir damit heraufbeschwören könnten.

Bedenken Sie jedoch:

Ein klares NEIN hilft dem anderen.

Ein klares NEIN
- klärt Situationen und
- macht den anderen frei und wieder handlungsfähig.

So lange wir dem anderen unsere innere Entscheidung, die NEIN heißt, nicht klar mitgeteilt haben, indem wir uns in ein *„JA, vielleicht" oder „JEIN"* flüchten, kann dieser nicht handeln, sich nicht um eine Alternative kümmern, also beispielsweise eine andere Person um die benötigte Unterstützung bitten.

Besonders unangenehm kann es für den anderen dann werden, wenn wir zuerst unehrlicherweise JA, aber später dann doch NEIN sagen.

---

❶ Bin ich ein guter „Leertischler"?
❷ Übe ich das NEIN-Sagen?
❸ Für welche Tätigkeiten erstelle ich mir zur Entlastung eine Checkliste/ein Formular?

Grenzen setzen

„Grenzen sind wichtig und notwendig, damit die Menschen in Frieden miteinander leben und arbeiten können."

Das Revierverhalten ist „tierisch".

Wir Menschen haben Verhaltensweisen, die unterhalb der bewussten Kontrolle angesiedelt sind. Dazu zählt u.a. das **Revierverhalten**. Genauso wie die Tiere versuchen wir unser Revier zu sichern, indem wir **Grenzen ziehen** und diese gegen Eindringlinge zu verteidigen versuchen. Jeder **Grenzübertritt** wird als Grenzverletzung betrachtet und wir reagieren instinktiv mit Abwehr darauf.

Beispiele für Reviere im Büro:

Der Schreibtisch, der Bürosessel, Schränke, meine Arbeitsmittel (Telefon, PC), meine Unterlagen, mein Aufgabenbereich (= mein Aufgabenfeld), mein Fachwissen gehören zu meinem Revier.

Wo sind eigentlich unsere Grenzen?

Grenzüberschreitungen passieren weniger aus Böswilligkeit - was wir unseren lieben Mitmenschen dann aber oft unterstellen - sondern einfach deshalb, weil die Grenzen nicht als solche erkennbar sind.

Auch unbewusste Grenzen haben Gültigkeit.

Was es so schwierig macht ist, dass wir viele unserer **Grenzen unbewusst ziehen**. Wir kennen unsere eigenen Grenzen nicht. Wie soll sie dann unsere Umgebung erkennen?

Beispiel für eine unbewusste Grenzziehung:

Sitzen zwei Personen an einem Tisch, wird die Tischfläche unbewusst aufgeteilt. Legt eine Person einen Gegenstand, z.B. einen Zettel in den Bereich (in das Revier) des anderen, so schiebt dieser den Gegenstand automatisch wieder zurück, denn er fühlt sich bedroht. Instinktiv wird diese Handlung als unerlaubtes Eindringen, als Grenzüberschreitung (einer nicht sichtbaren Grenze) gewertet. Geschieht diese Grenzverletzung mehrfach, dann wird die Situation merklich unangenehmer, die „bedrohte" Person wird aggressiver (⇨ **Kampf**) bzw. möchte das Gespräch so schnell wie möglich beenden (⇨ **aus der Situation flüchten**).

Die Grenzen variieren ständig

Grenzen sind keine fixe Angelegenheit.

Erschwerend kommt noch dazu, dass unsere Grenzen nicht immer gleich sind.

- Menschen haben unterschiedliche Grenzen, deshalb können wir von unseren eigenen Grenzen nicht unbedingt auf die der anderen schließen.
- Grenzen werden zu jedem Mitmenschen anders gesetzt, einmal ziehen wir sie mit mehr Abstand und einmal mit weniger.
- Grenzen sind unterschiedlich je nach Stimmungslage. An Tagen, wo wir mit dem linken Fuß aufgestanden sind, sollte uns besser keiner zu nahe kommen. Wenn wir gerade ein Erfolgserlebnis gehabt haben, tolerieren wir sehr vieles.

Grenzen richtig setzen

Wo sind meine Grenzen?

1. Grenzen erkennen

- Wo liegen meine Grenzen? Damit ich Grenzen setzen kann, muss ich mir meiner Grenzen bewusst werden.
- Habe ich mehrere Grenzlinien?

······ ←	TOLERANZGRENZE	*Base line*
—— ←	WIRKLICHE GRENZE	*Final line*
—— ←	**ABSOLUTE GRENZE**	*Dead line*

Beispiel:
Geschwindigkeitsbeschränkungen im Straßenverkehr sind Toleranzgrenzen. Wenn ich bei einer 50 km/h-Beschränkung 55 km/h fahre, wird es noch toleriert. Überschreite ich jedoch die wirkliche Grenze, dann habe ich die Konsequenzen zu tragen. Je nach Geschwindigkeit ist dies ein Strafmandat oder bei Überschreiten einer absoluten Grenze der Führerschein-Entzug.

Dem anderen meine Grenzen zeigen.

2. Grenzen mitteilen

- Der andere kennt meine Grenzen nicht, deshalb muss ich sie erkennbar machen, dem anderen mitteilen.

Damit Grenzen eingehalten werden können, müssen sie für die anderen gut sichtbar bzw. erkennbar sein.

- Gemeinsame Grenzen sind gemeinsam zu vereinbaren.

Meine Grenzen schützen.

3. Grenzen verteidigen

- Ich muss bereit sein, meine Grenzen zu verteidigen, sowohl emotional als auch gedanklich, als auch körperlich. Das kann im Extremfall Gewaltbereitschaft bedeuten.
- Wenn ich mich nicht verteidige, werde ich in die Ecke gedrängt, die anderen überrollen mich.
- Grenzen müssen sofort verteidigt werden. Grenzüberschreitungen müssen sofort geahndet werden.

---

❶ Sage ich NEIN, wenn ich innerlich NEIN meine?
❷ Plane ich die nächste Arbeitswoche im Vorhinein am Freitag?
❸ Ist meine Ablage ausreichend entrümpelt?

NEIN sagen heißt abgrenzen

Bis hierher und nicht weiter!

Damit ich NEIN sagen kann, muss ich meine Grenzen kennen. NEIN sagen heißt, ich setze dem anderen ein Grenze. Worauf sollten Sie beim Grenzen setzen und NEIN sagen achten? Einige hilfreiche Tipps!

Grenzen und Regeln festlegen

1.	**Grenzen frühzeitig setzen**
	Im Nachhinein ist es immer schwierig, Grenzen zu ziehen. Es kostet sehr viel Energie und Durchsetzungskraft, bis das Umfeld dann endlich doch Ihre Grenze akzeptiert. Wer beispielsweise am Beginn sehr bereitwillig Aufgaben für andere übernimmt, der tut sich eines Tages schwer, NEIN zu den Kollegen zu sagen. Die reagieren ziemlich sauer, wenn Sie es schließlich doch tun. Andere, die sich von vornherein abgrenzen, werden mit Zusatzaufgaben erst gar nicht belästigt.
2.	**Grenzen und Regeln werden bereits beim ersten Mal festgelegt**
	Dazu ein Beispiel zur Pünktlichkeit: Sie vereinbaren einen Termin mit einer Person. Diese kommt 20 Minuten zu spät. Sie entschuldigt sich, weil sie aufgehalten worden ist. Jetzt kommt es darauf an, was Sie sagen: a) *„Aber das macht doch nichts. Ich habe die Zeit für einige Telefonate genützt."* ⇨ Daraus leitet sich die ungeschriebene Regel ab, dass Sie, was das Zuspätkommen anbelangt, sehr tolerant sind. b) *„Ich nehme deine Entschuldigung an, sei aber bitte das nächste Mal pünktlich.* ⇨ Die Regel lautet: Sie legen auf Pünktlichkeit wert.
3.	**Grenzen gemeinsam vereinbaren**
	Gemeinsame Grenzen gehören gemeinsam vereinbart. Grenzen, denen alle Beteiligten zustimmen, werden mit viel größerer Wahrscheinlichkeit eingehalten als jene, die einer Person „aufgedrückt" worden sind.

Stehen Sie konsequent zu Ihren Grenzen, stehen Sie zu Ihrem NEIN!

NEIN sagen und JA tun - die „NAJA-Methode".

Viele Menschen wenden die **„NAJA-Methode"** an. Sie sagen NEIN und tun JA. Die Konsequenz dieser Methode ist, dass wir unglaubwürdig werden. Wir erzeugen folgendes Bild bei unserer Umgebung: *„Naja, der/die schreit immer zuerst, aber dann wird er/sie es schon machen!"*

Mit diesem Bild im Hintergrund ist es sicherlich nicht sehr einfach, ein wirkliches NEIN zu sagen, welches die anderen dann auch akzeptieren.

Liebevoll abgrenzen - wie geht das?

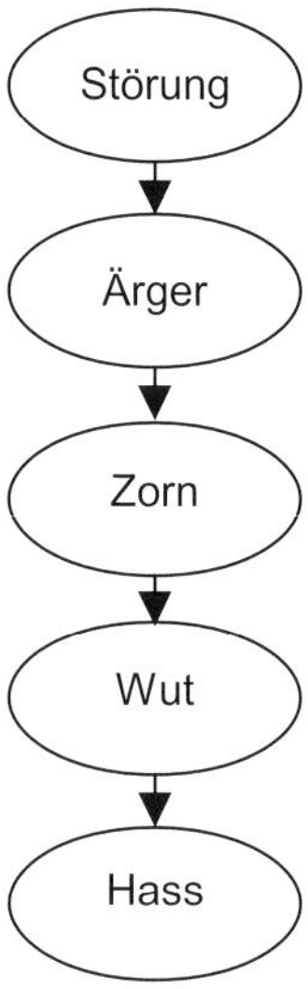

- Sagen Sie es sofort, wenn jemand eine Grenzverletzung begangen hat.
- Wenn wir auf Störungen (z.B. Aussagen, Handlungen) nicht reagieren, dann kann sich daraus eine Kettenreaktion entwickeln. Jede Grenzverletzung wird registriert, bis das „berühmte“ Fass überläuft.
- Störungen können wir noch liebevoll und sachlich ansprechen. Sind wir aber erst einmal auf die andere Person wütend, dann ist es sehr schwierig, sich „liebevoll“ abzugrenzen, denn dann trifft den anderen die ganze Wucht der aufgestauten Emotionen.

Wie lerne ich mich abzugrenzen?

1. Ich höre auf, die Grenzen der anderen zu verletzen.
2. Ich beginne, meine eigenen Grenzen wahrzunehmen, mitzuteilen und zu verteidigen.

Was ist mein „Knopf“, damit ich nicht NEIN sage?

Wie können mich andere rumkriegen?

Überlegen Sie einmal: Was müssen andere Menschen zu Ihnen sagen bzw. tun, damit Sie nicht NEIN sagen? Wir alle haben solche „Knöpfe“ und fallen immer wieder darauf rein.

Kommen Ihnen diese Beispiele bekannt vor?
„Diese Aufgabe kannst wirklich nur du erledigen.“, „Du bist einfach der Beste auf diesem Gebiet.“, „Wollen Sie tatsächlich, dass Herr Müller Ihnen das Projekt wegschnappt?“, „Sie sind unfähig, wenn Sie das nicht machen!“

✔ Tipp

NEIN gegenüber dem Chef sagen

Führen Sie stets eine Liste mit Aufgaben, die Sie zu erledigen haben. Zeigen Sie im Gespräch die Konsequenzen auf, die sich durch die Übernahme einer weiteren Aufgabe ergeben.

Beispiele:
„Welche Aufgabe von der Liste kann ich dann streichen, wenn ich diese übernehme?“
„Ich mache es gerne, dann verzögert sich allerdings ...! Ist Ihnen das recht?“

❶ Lese ich nur das Notwendigste? Was muss ich wirklich wissen, um meinen Job gut zu erledigen?
❷ Welche Störungen kann ich konzentrieren (Zeiten bzw. Anzahl reduzieren)?
❸ Arbeite ich mit dem Wiedervorlagesystem?

Mit Grenzverletzungen umgehen

Wo passieren Grenzverletzungen?

Körper:

Wir lassen nicht jeden gleich weit an uns heran.

Nicht jeder Mensch darf gleich weit an uns heran. Dies hat etwas mit Distanzzonen (= Raum, der uns umgibt) zu tun. Die Distanzzonen sind nicht bei allen Menschen gleich. Manche vertragen mehr Nähe und andere brauchen einen größeren Abstand, um sich wohl zu fühlen. Kommt uns jemand körperlich zu nahe, werten wir dies als Grenzverletzung, wir reagieren darauf mit Kampf oder Flucht, d.h. wir werden merklich aggressiver oder wir weichen zurück.

Auf körpersprachliche Abwehrsignale achten.

Da die Distanzzonen nicht sichtbar sind, sollten wir sehr genau auf die körpersprachlichen Abwehrsignale unserer Mitmenschen achten. Sind wir mit einem Gesprächspartner nicht vertraut, ist es immer ratsam, mehr Abstand zu halten.

Zoneneinteilung (nach *Vera F. Birkenbihl*):

Intimzone:	Abstand: ca. ½ - 1 Armlänge In diese Zone lassen wir nur jene freiwillig, denen wir vertrauen.
Persönliche Zone:	Abstand: ca. 60 cm - 1,5 m Bereich für Freunde, gute Bekannte, Kollegen, mit denen uns ein inniges, herzliches Verhältnis verbindet.
Soziale Zone	Abstand: 1,5 m - 2 m Geschäftliche Distanz (Bereich für Bekannte, Chefs, Kollegen, Kunden, Klienten).
Öffentliche Zone:	Abstand: alles über ca. 2 m Bereich für die gesamte Öffentlichkeit.

Gefühle:

Auch Gedanken sind Grenzverletzer.

- Gefühle verletzen wir durch Worte oder Handlungen: jemandem mit Worten zu Nahe treten, jemandem „auf die Zehen steigen“.

Territorien:

- Arbeitsbereich, Schreibtischbereich
- ungefragt Aufgaben eines Kollegen erledigen
- sich für etwas verantwortlich fühlen, das nicht in den eigenen Zuständigkeitsbereich fällt

Gegenstände:

- ungefragt Gegenstände von anderen benutzen (z.B. Arbeitsmittel, Telefon, PC, Unterlagen, die persönliche Kaffeetasse u.a.m.)

Wie erkenne ich Grenzüberschreitungen?

Bei Grenzüberschreitungen reagieren wir ärgerlich, gekränkt, sauer.

In vielen Fällen ist uns gar nicht bewusst, dass eine Grenzüberschreitung begangen worden ist. Wir merken nur, dass wir sauer, ärgerlich, beleidigt, gekränkt reagieren - verletzt oder frustriert sind - zu kämpfen beginnen - in den Widerstand gehen. Diese Anzeichen signalisieren Grenzüberschreitungen.

Wie kann ich meine Grenzen verteidigen?

1. STOPP sagen
2. sanften bis starken Druck ausüben
   mit Worten ... bis ... körperliche Gewaltanwendung
3. Hilfe (Verstärkung) holen
4. BITTE sagen
   Den anderen darum bitten, meine Grenzen zu achten.

Wenn Grenzverletzungen passieren ...

Grenzverletzungen passieren immer wieder. Es ist unmöglich, dass wir unsere Grenzen so gut verteidigen, dass niemand darüber steigt. Wir können nicht nur immer auf der Hut sein, denn das würde uns erstarren lassen. Aber sobald wir eine Grenzverletzung bemerken, müssen wir sofort darauf reagieren:

Grenzen ohne Konsequenzen sind relativ nutzlos.

a) Angekündigte Konsequenzen setzen
   oder
b) Grenzüberschreitung tolerieren
   Dann muss ich kundtun, dass es sich um eine Ausnahme handelt, ansonsten leitet der andere ein Recht daraus ab: *„Ich gestatte es ausnahmsweise.“*

✔ Tipp

Wir tragen oft Menschen Grenzverletzungen jahrelang nach. Nach*tragen* bedeutet: Ich schleppe eine Last mit mir herum. Aber das macht die Verletzung auch nicht heil. Daher: Schließen Sie innerlich Frieden mit den Grenzverletzern, denn diese haben Ihre Grenze wahrscheinlich gar nicht gekannt.

Erlaubte Grenzüberschreitung

Wir dürfen die Grenzen der anderen natürlich auch überschreiten, aber nur, wenn uns diese dazu ihre Erlaubnis geben.

➪ Immer zuerst fragen!
- *„Darf ich ...?“*
- *„Ist Ihnen das recht?“*
- *„Möchtest du das hören?“*

➪ Anklopfen (ist wörtlich sowie auch symbolisch zu verstehen)

❶ **Mache ich meinem Umfeld rechtzeitig meine Grenzen deutlich?**
❷ **Versuche ich, Unvorhersehbares vorhersehbar zu machen?**
❸ **Habe ich mir schon einen Schriftgut-Aufbewahrungsplan erstellt?**

NEIN zum Klammer-Affen

Gehören Sie auch zu den Menschen, die

- ❐ in ihrer Arbeit ersticken?
- ❐ ihr Tagespensum niemals schaffen, obwohl sie tun, was sie können und am Abend total geschafft sind?
- ❐ eine Menge Arbeiten für andere erledigen, die diese selbst bewältigen könnten?
- ❐ glauben, nur sie selbst könnten eine Sache wirklich gut machen?
- ❐ es als ihre Lebensaufgabe sehen, anderen stets behilflich zu sein, indem sie diesen ihre Lasten abnehmen und selbst schleppen?
- ❐ immer ein offenes Ohr und einen breiten Rücken für die Probleme der anderen haben?
- ❐ für jedermann da sind?

DANN haben Sie eine Menge Klammer-Affen auf sich sitzen!

Das Bild des Klammer-Affen stammt aus dem sehr lesenswerten Buch *„Der Minuten-Manager und der Klammer-Affe - Wie man lernt, sich nicht zuviel aufzuhalsen"* von *K. Blanchard, W. Oncken, H. Burrows.*

Affen sind Probleme, die wir zu lösen haben.

Achtung Affe: „Wie können *wir* das Problem lösen?"

Was ist ein Klammer-Affe?

Jemand kommt zu Ihnen und erklärt Ihnen sein Problem. Sie hören zu und beschäftigen sich beide damit. Der **Affe (= das Problem)**, den die andere Person auf dem Rücken hat, macht sich zum Sprung bereit. Sie sagen, dass Sie darüber nachdenken werden, dass Sie versuchen werden, eine Lösung zu finden ➪ schon ist es geschehen und der Affe sitzt auf Ihrem Rücken. Der andere geht erleichtert weg, denn der Affe ist zu Ihnen umgestiegen. Sie haben die Verantwortung für das Problem übernommen.

Nichts als Affen, Affen, Affen ...

Der Affe wechselt sehr schnell seinen Besitzer - seien Sie immer auf der Hut!

Vor Klammer-Affen müssen wir uns sehr in Acht nehmen, denn diese wechseln sehr schnell ihren Besitzer. Sie sind blitzschnell und raffiniert.

- Sie erledigen Aufgaben, die in den Zuständigkeitsbereich von Kollegen und Mitarbeitern fallen:
  Sie holen Auskünfte für andere ein, Sie korrigieren Berichte für andere, Sie intervenieren für andere, Sie liefern Problemlösungen für Probleme der anderen.
- Mitarbeiter sind z.B. sehr findig, wenn es darum geht, unangenehme Aufgaben wieder an ihre Vorgesetzten zurückzugeben:
  „Chef, Sie kennen sich da viel besser aus als ich, könnten Sie mir dabei behilflich sein?"; „Sie haben zu den Leuten aus der Verkaufsabteilung einen so guten Kontakt. Könnten Sie da für mich vorfühlen?" usw.

- Klammer-Affen halten sich aber nicht nur in Betrieben auf. Sie sind überall zu finden, auch abends zu Hause in der Familie, im Freundeskreis, bei Vereinen usw. Sehr gerne übernehmen wir beispielsweise Klammer-Affen von unseren Kindern. Wir nehmen ihnen alles mögliche ab, worum sie sich gut selbst kümmern könnten.

Kümmern Sie sich um Ihre eigenen Affen

Die eigenen Affen dürfen nicht auf der Strecke bleiben.

Es ist gut und richtig und zeigt von hohen menschlichen Qualitäten, wenn wir für andere da sind, ihnen behilflich sind, sie unterstützen und ihnen vielleicht auch über einige Wegstrecken hinweg ihre Lasten tragen helfen; aber es ist nicht richtig, unseren Mitmenschen die Probleme und Lasten vollständig abzunehmen und in unsere Verantwortung zu übernehmen. Denn dadurch

- machen wir die anderen von uns abhängig,
- werden die anderen unselbständig,
- bleibt uns weniger Zeit für die Affen, für die wir wirklich zuständig sind, nämlich unsere eigenen Affen.

Wirklich zuständig sind wir für unsere eigenen Affen.

Beispiel für die Übernahme eines Affen: Ein Gespräch zwischen Kollegen

Herbert:	*„Du, Karl, ich hab da ein Problem. Ich komme nicht weiter in der Sache Müller. Könntest du mir dabei helfen?“* *Herbert schildert sein Problem ...*
Karl:	*„Herbert, momentan fällt mir dazu nichts ein, aber ich denke darüber nach und sag dir morgen Bescheid.“* ➪ Schon hat Karl den Klammer-Affen auf sich sitzen!

Beispiel: Der Affe bleibt bei seinem Besitzer

Herbert:	*„Du, Karl, ich hab da ein Problem. Ich komme nicht weiter in der Sache Müller. Könntest du mir dabei helfen?“* *Herbert schildert sein Problem ...*
Karl:	*„Was hast du dir denn vorgestellt, was du als nächstes tun könntest?“* *Karl stellt gezielte Fragen, er hinterfragt das Problem, er gibt Tipps und er unterstützt Herbert bei seinem Gedankenprozess ...*
Herbert:	*„Mir kommt da jetzt eine Idee, die mir vielleicht helfen könnte. Ich werde als nächstes ...“* ➪ Der Affe bleibt bei seinem Besitzer Herbert.

✔ Tipp

Gedanken zur echten Hilfe

„Willst du wirklich helfen, dann lehre die anderen das Angeln, anstatt ihnen einen Fisch zu geben.“
Einen Fisch geben bedeutet: Das momentane Problem des anderen lösen. Damit mache ich den anderen abhängig, denn er ist beim nächsten Mal genau wieder so bedürftig und hilflos. Lehre ich ihn aber das Fischen, dann kann er sich in Zukunft selber helfen und ist unabhängig von mir.

❶ Wie mutig bin ich, was das Wegwerfen (= Loslassen) anbelangt?
❷ Setze ich konsequent Grenzen?
❸ Überlege ich mir die Folgewirkungen, bevor ich JA sage?

NEIN zur „last-minute"-Arbeit

Eine bekannte Geschichte.

Können Sie sich noch an Ihre Schulzeit erinnern? War es bei Ihnen auch so? Eine Prüfung stand ins Haus. Der Termin war Wochen vorher bekannt. Aber Sie fingen natürlich nicht gleich an, sich darauf vorzubereiten, es war ja noch so viel Zeit (so meinten Sie). Die Tage vergingen und Sie taten alles andere als für diese Prüfung zu lernen. Der Tag der Prüfung rückte aber bedrohlich näher und der Zeitdruck stieg ebenso wie der Stresspegel. Schließlich begannen Sie doch zu büffeln, Sie versuchten in der noch verbliebenen Zeit in sich hineinzustopfen, was nur ging - und Sie versprachen sich selbst hoch und heilig, beim nächsten Mal früher zu beginnen. Andere Aufgaben blieben liegen, weil Sie einfach keine Zeit mehr dazu hatten. Und da die Prüfung dann doch positiv verlief, fehlte Ihnen die nötige Konsequenz und Selbstdisziplin, Ihren Lernstil zu ändern.

Arbeiten unter Zeitdruck - ein stressfördernder Arbeitsstil.

Mancher mag daraus den Schluss gezogen haben, dass er unter Zeitdruck effizient(er) arbeiten kann. Das mag sogar stimmen. Aber vielleicht wäre das Prüfungsergebnis noch besser ausgefallen, wenn Sie frühzeitig mit der Vorbereitung begonnen hätten. Auf jeden Fall wäre Ihnen eine Menge Stress erspart geblieben.

Erst der Zeitdruck lässt so manchen mit einer wichtigen Aufgabe beginnen.

Viele stressgeplagte, ständig unter Hektik und Zeitnot leidende Menschen haben diesen Arbeitsstil auf ihr Berufsleben übertragen und beginnen mit der Erledigung von Aufgaben erst, wenn sie der Zeitdruck (ein Termin) dazu zwingt - d.h. **sie reagieren anstatt zu agieren**.

Wichtige Aufgaben sind meist nicht dringend.
Dringend werden sie erst, weil wir sie dringend werden lassen.

Dazu eine Grafik nach *Spiegel*:

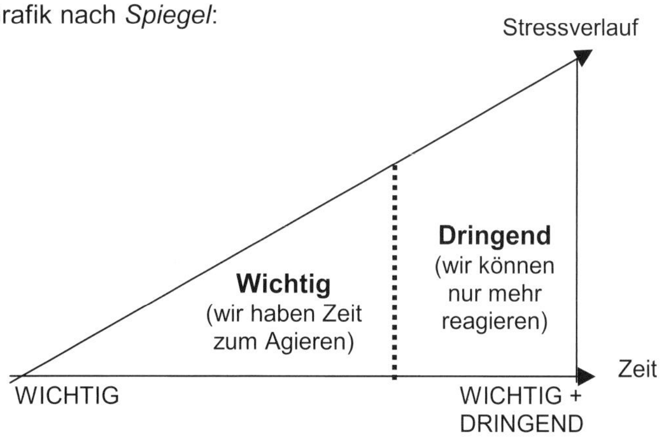

Zeit- bzw. Termindruck bedeutet aber, dass

- Sie sich verkrampfen und deshalb noch mehr unter Druck geraten.
- Sie nur mehr das Allernötigste machen können.
- Sie andere Aufgaben liegen lassen müssen, die ebenfalls dann wieder dringend werden. So dreht sich die Dringlichkeitsspirale weiter.
- mehr Fehler passieren.
- Sie mehr und mehr Unlust empfinden für eine Aufgabe, die Sie ursprünglich gereizt hat, bei der Sie sich so richtig gefordert fühlten, bei der Sie zeigen wollten, was in Ihnen steckt u.a.m.

Einige Tipps, damit Sie wichtige Aufgaben angehen

1. **Gehen Sie weg von dem „Alles-auf-einmal-Denken“:**
   Häufig beginnen wir eine Aufgabe deshalb nicht, weil sie uns so groß und unbewältigbar erscheint. Wir haben das Gefühl, es einfach nicht zu schaffen. Dagegen hilft die Unterteilung in überschaubare Teilportionen.

2. **Belohnen Sie sich für jeden Teilerfolg:**
   Machen Sie sich selbst eine Freude, gönnen Sie sich etwas Gutes, wenn Sie einen Teilschritt erledigt haben.
   Stellen Sie sich selbst ein besonderes Geschenk in Aussicht, wenn Sie die Aufgabe zu Ende gebracht haben.

3. **Konzentrieren Sie sich auf den Start und nicht auf das Ende:**
   Ist erst einmal die Anfangshürde genommen, dann läuft es meist sowieso wie von selbst.

4. **Eine mögliche Lösung genügt:**
   Wenn Sie sich von vorne herein auf die perfekte Lösung konzentrieren, dann müssen Sie natürlich noch etwas warten. Sie können noch mehr Informationen sammeln, bestimmt wird Ihnen nächste Woche noch eine bessere Idee kommen. Also, geben Sie sich innerlich vorerst mit einem Entwurf, einer möglichen Lösung zufrieden, dann können Sie nämlich gleich damit anfangen und brauchen nicht auf *die* Lösungsidee zu warten.

5. **Setzen Sie sich selbst einen früheren Termin:**
   Setzen Sie sich innerlich einen früheren Termin und lassen Sie die Erledigung von jemandem kontrollieren.

Gleich damit beginnen!

Gleich damit zu beginnen ist der beste Weg, eine Aufgabe zu erledigen.

Die erste und wichtigste Regel zum Schluss. Sie ist ganz einfach und lautet: „Beginnen Sie einfach gleich damit!“

Welche wichtige Aufgabe wollen Sie noch diese Woche angehen?
Was wird die erste Aktion sein?
Was werden Sie dann als nächstes tun?
Wann werden Sie mit der Aufgabe fertig sein?
Wie werden Sie sich belohnen, wenn die Aufgabe erledigt ist?

➊ Welche Grenzüberschreitung lasse ich in Zukunft nicht mehr zu (was tue ich)?
➋ Wo habe ich mich wieder einmal überreden/überrumpeln lassen und nicht NEIN sagen können?
➌ Mache ich regelmäßig meine Tages-, Wochen- und Monatspläne?

Veränderungen wirklich schaffen

„Der Weg zur Hölle ist mit guten Vorsätzen gepflastert."

Wir alle sind oft willens, etwas zu ändern, uns zu bessern, besonders dann, wenn der Leidensdruck schon sehr groß ist. Wir beginnen mit dem besten Vorsatz, ein paar Mal schaffen wir es dann auch, aber irgendwie fallen wir doch wieder in das alte Verhaltensmuster zurück.

Beispielsweise erstellen wir einige Tage einen Tagesplan. Wir haben ja die Erkenntnis gewonnen, dass wir damit unsere Zeitprobleme besser in den Griff bekommen können. Aber schon nach wenigen Versuchen stellen wir entmutigt fest, dass wir den Plan nicht einhalten können und geben dann frustriert wieder auf.

Alles ist schwierig, bevor es leicht wird.

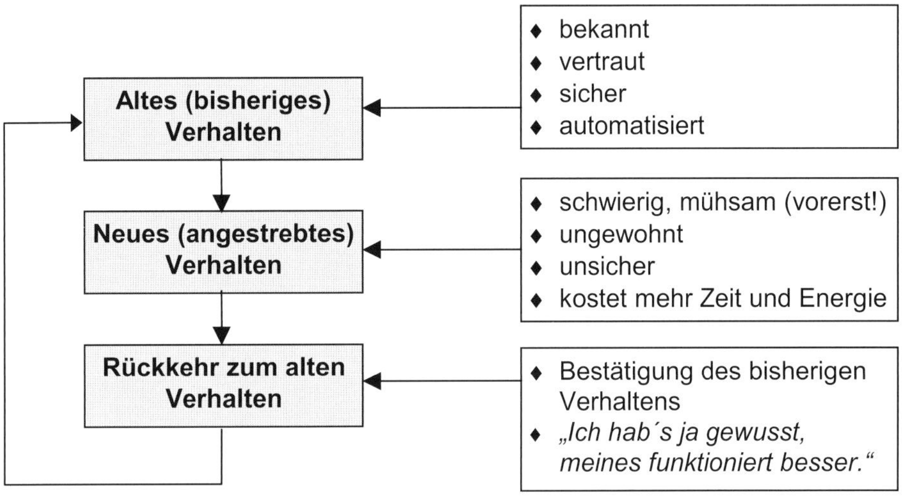

Ein neues Verhalten zur Gewohnheit machen

Der Weg entsteht im Gehen.

Ein neues Verhalten ist wie ein neuer Weg. Der alte Weg ist besser ausgetreten als der neue - solange bis dieser oft genug beschritten worden ist!

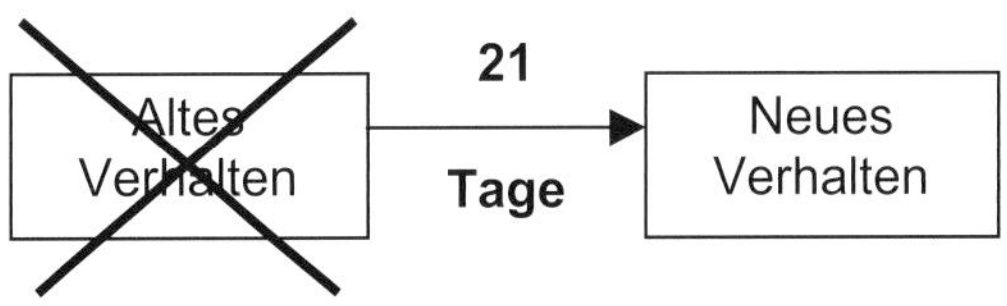

Der alte Schuh passt halt besser als der neue - bis dieser eingelaufen ist.

Damit ein neues Verhalten zur Gewohnheit wird, muss es ca. 21 Tage lang ohne Unterbrechung durchgehalten werden. Mindestens ein halbes Jahr lang besteht dann noch die Gefahr, rückfällig zu werden.

Zu viel, zu schnell ...

Veränderungen schlagen oft deshalb fehl, weil
- zu viel auf einmal bzw.
- in zu kurzer Zeit etwas

geändert werden soll.

Stufe für Stufe mit ausreichend Stabilität.

Gehen Sie schrittweise vor	Achten Sie auf das, was stabil bleibt
Versuchen Sie nicht, alles auf einmal zu ändern. Gehen Sie in kleinen Schritten vor, dann haben Sie Zeit, sich an die neuen Gegebenheiten **Stufe für Stufe** anzupassen bzw. zu gewöhnen.	Richten Sie Ihre Aufmerksamkeit auf das, was stabil bleibt: Beispiel: Bergsteiger halten sich beim Klettern immer an 3 von 4 möglichen Positionen fest (= 3-Punkt-Griff für Arme und Beine). Es wird jeweils nur einer der 4 Punkte verändert. ➪ **75% bleiben stabil.**

Damit Sie konsequent dabei bleiben - einige Tipps

Salami-Technik	Gehen Sie schrittweise vor. Stehen Sie z.B. in der ersten Woche 10, in der nächsten 20 und in der dritten Woche 30 Minuten früher auf, wenn es eine halbe Stunde sein soll.
Ausrutscher sind erlaubt!	Das gilt besonders für Perfektionisten, die nach einem Ausrutscher das Handtuch werfen. Gestatten Sie sich von vornherein, dass Sie es vor allem in der Anfangsphase einige Male nicht schaffen werden.
Tun Sie es einfach!	Eine Sache wird dann oft schwierig, wenn wir uns gedanklich in negative Gefühle hineinmanövrieren. Lassen Sie die destruktiven Gedanken keine Macht über sich gewinnen. Sagen Sie HALT zu den Gedanken und tun Sie es einfach ohne wenn und aber, denn Sie haben sich dafür entschieden.
Kontrolltechnik	Lassen Sie sich von anderen kontrollieren. Das motiviert, weil Sie nicht als „Versager" dastehen wollen.
Verpflichtungs-technik	Verpflichten Sie sich, etwas zu tun, was Ihnen „weh tut", wenn Sie es nicht schaffen (am besten mit Wissen von anderen).
Belohnung	Ganz wichtig! Trägt zur Selbstmotivation bei! Belohnen Sie sich - auch für kleine Fortschritte.

Erfolg hat drei Buchstaben - TUN

Welche Veränderung möchte ich wirklich schaffen?	
Wie werde ich ein mögliches Scheitern verhindern?	
Wie werde ich mich dafür belohnen?	

❶ Nehme ich mir Zeit für die Ablage?
❷ Ist mein Arbeitsplatz aufgeräumt?
❸ Bin ich ein NAJA-Sager (NEIN sagen und JA tun)?

Höhere Arbeitsleistung durch gezielte Pausen

Zur richtigen Zeiteinteilung gehört, dass Sie

1. den Arbeitstag möglichst optimal **mit wichtigen Aufgaben verplanen**,
2. sich bei Ihrer Tätigkeit auf **das Wesentliche konzentrieren** und
3. **rechtzeitig Pausen einlegen**, um wieder aufzutanken.

Der Körper braucht die Abwechslung zwischen Anspannung und Entspannung.

Körper und Geist brauchen eine sinnvolle Abwechslung zwischen Arbeit und Erholung, zwischen Anspannung und Entspannung, um eine optimale Leistung erbringen zu können.

Die 5-Minuten-Pause zwischendurch

Bereits nach 45 Minuten nimmt die Konzentrationsfähigkeit stark ab.

Jeder Mensch braucht regelmäßig Erholungsphasen zur Regeneration. Gönnen wir uns diese Pausen nicht, weil wir glauben, dadurch Zeit zu gewinnen, dann rächt sich das durch verminderte Arbeitsleistung, erhöhte Fehleranfälligkeit sowie verringerte Konzentrationsfähigkeit.

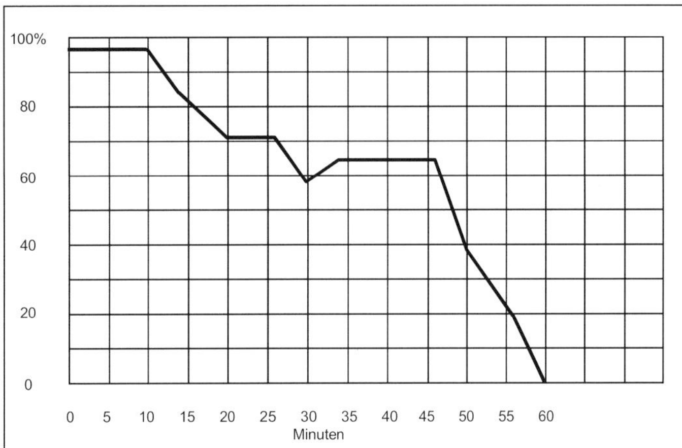

Leistungswerte der Konzentration im Verlauf von 60 Minuten

Pausenloses Arbeiten führt zu einer verminderten Leistung.

Manche glauben, Zeit zu gewinnen, wenn sie ohne Pause durcharbeiten, erreichen damit aber das Gegenteil.

Die Arbeitsleistung nimmt kontinuierlich ab. Sie verspüren vermehrt Unlustgefühle, Sie schweifen ständig ab, weil Sie sich nicht mehr konzentrieren können. Am Abend weisen Sie zwar eine höhere Netto-Arbeitszeit auf, als wenn Sie zwischendurch Pausen eingelegt hätten, aber Ihr Arbeitsergebnis ist geringer.

Pausen zwischendurch führen zu einer optimalen Leistung.

Die bestmögliche Leistung können Sie dann bringen, wenn Sie nach ungefähr 45 Minuten bis max. einer Stunde ca. fünf Minuten Pause machen.

In diesen ersten fünf Minuten ist der Erholungswert am größten. Machen Sie in der Pause ein paar Entspannungsübungen oder gehen Sie einige Schritte. Verzichten Sie auf die Zigarette oder den obligaten Kaffee. Trinken Sie stattdessen ein Glas Leitungswasser, denn Leistungsmangel lässt sich u.a. auch auf ein Flüssigkeitsdefizit im Körper zurückführen – und gerade Kaffee entzieht dem Körper Flüssigkeit. Danach gehen Sie wieder voll konzentriert ans Werk und die Arbeit geht wieder leichter von der Hand.

Die Mittagspause

Die Mittagspause dient dazu, frische Energie für den Nachmittag zu tanken. Eine möglichst leichte Kost (mit viel Obst und Gemüse, wie sie von Ernährungsexperten empfohlen wird) ist dabei Ihrer Leistung mehr zuträglich als eine schwere Mahlzeit. Wenn es sich einrichten lässt, dann machen Sie einen kurzen Spaziergang in der Natur.

✔ Tipp

Immer mehr Menschen beginnen den energiespendenden **20-minütigen Mittagsschlaf** zu schätzen. Vielleicht ist das für Sie ebenfalls eine sinnvolle Entspannungsform. Sie fühlen sich danach wieder so richtig frisch und fit.

Die 6+1-Regel

„Am siebten Tage sollst du ruhen!“ heißt es schon in der Bibel.

Um sich Ihre Leistungsfähigkeit auf Dauer zu erhalten, sollten Sie zumindest folgenden Rhythmus einhalten:

6 Tage Arbeit - 1 Tag Erholung

Sorgen Sie in Ihrer Freizeit für ausreichende körperliche Bewegung als Ausgleich für Ihre sitzende Tätigkeit.

Urlaub - die schönste Zeit des Jahres

Urlaub dient der Erholung und Entspannung.

Er hat seinen Zweck nicht erfüllt, wenn er zur Leistungs-Show bzw. zum Wettbewerb mit Kollegen, Freunden oder Nachbarn ausartet.

Wer hat die weiteste Reise gemacht? Wer hat die meisten Kilometer heruntergespult? Wer hat die tollste Modesportart erlernt? Wer ...?

Arbeitsmediziner empfehlen eine Urlaubsdauer von mindestens drei Wochen, damit man sich ausreichend erholen und regenerieren kann.

✔ Tipp

Einen Tag früher aus dem Urlaub zurück

Kehren Sie einen Tag vor dem offiziell angekündigten Arbeitsbeginn nach dem Urlaub wieder auf den Arbeitsplatz zurück. Sie entgehen damit dem Ansturm der Kollegen und Kunden, wie es erfahrungsgemäß am ersten Arbeitstag der Fall ist. Sie können diesen Tag nutzen, um sich in Ruhe wieder auf die Arbeit einzustimmen und Liegengebliebenes aufzuarbeiten.

➊ Bin ich vor Klammer-Affen auf der Hut?
➋ Für welche wichtige Aufgabe starte ich die erste Aktion?
➌ Achte ich darauf, die Grenzen meiner Umgebung nicht zu verletzen?

Tipps zur effizienten Arbeitsorganisation

Wenn Sie Ihr Aufgabenpensum in der offiziellen Dienstzeit nicht schaffen, wenn Sie bei Ihrer Arbeit völlig gestresst sind, wenn es Sie fast zerreißt, und wenn Sie bei Büroschluss das Gefühl haben, dass Sie den ganzen Tag zwar viel getan, aber eigentlich nichts Essentielles weitergebracht haben, dann können Sie

a) im Büro „nachsitzen" und Überstunden machen, um noch Offenes zu erledigen bzw. Arbeit mit nach Hause nehmen
oder
b) Sie lernen, effizienter mit der vorhandenen Arbeitszeit umzugehen.

Wie Sie mehr erreichen bei gleichem Zeitaufwand

1. **Berücksichtigen Sie die Tagesstörkurve und Ihre Tagesleistungskurve:**

Erledigen Sie		
♦ Wichtiges	➪	in störarmen Zeiten, in Zeiten hoher Leistungsfähigkeit.
♦ Unwichtigeres, Kleinkram	➪	in störreichen Zeiten, in Zeiten Ihres Leistungstiefs.

Wartezeiten sinnvoll nutzen anstatt sich darüber zu ärgern.

2. **Wartezeiten können auch ein „Zeit-Geschenk" sein:**
Wir verbringen oft sehr viel Zeit des Tages damit, auf etwas oder jemanden zu warten, z.B. wir warten auf den Beginn einer Besprechung, wir warten auf ein Verkehrsmittel, wir warten beim Kunden usw. Wir können uns darüber ärgern oder aber die Zeit sinnvoll nutzen.

Beispiele: Immer Lesestoff zum Durcharbeiten mitnehmen, Notizen zu einer Aufgabe machen, eine Entspannungspause zwischendurch einlegen u.a.m.

Reisezeiten für Kreatives oder zum Lernen verwenden.

3. **Reisezeiten sinnvoll nutzen:**
Bei längeren Autofahrten haben viele Menschen die besten Gedanken und Ideen. Ein Diktiergerät hilft Ihnen, diese Einfälle festzuhalten.

Lebenslanges Lernen ist heute ein Muss, um beruflich am Ball zu bleiben. Die Zeit beim Autofahren kann auch dazu verwendet werden, sich weiterzubilden. Es gibt eine Menge guter Weiterbildungs-Kassetten, CDs und Hörbücher.

Kleinigkeiten zwischendurch erledigen.

4. **Zeitzwischenräume sinnvoll nutzen:**
Wenn Ihnen nur noch 10 – 15 Minuten bis zum nächsten Termin oder zur Mittagspause bleiben, dann können Sie in dieser Zeit kaum eine größere Aufgabe beginnen, aber es ist genügend Zeit für Kleinigkeiten wie z.B. ein Telefongespräch führen.

Sich von Unterbrechungen nicht ablenken lassen.

5. **Nicht alles sofort erledigen:**
Wir neigen dazu, wenn wir unterbrochen werden - sei es durch ein Telefonat, einen Kollegen, ein Fax oder ein E-Mail - uns sofort mit der betreffenden Angelegenheit auseinanderzusetzen.

Besser ist, die Aufgabe kurz zu notieren und in die Prioritätenliste einzureihen, außer es handelt sich um eine Sache, die sofort zu behandeln ist. Und Sie widmen sich wieder Ihrer gerade aktuellen Tätigkeit.

Eine angefangene Aufgabe fertigstellen.

6. **Eine Sache fertigstellen, dann die nächste angehen:**
Hören Sie nicht mitten in einer Aufgabe auf. Bringen Sie eine Aufgabe zu Ende und beginnen Sie dann mit der nächsten. Sie ersparen sich dadurch unnötige Rüst- und Anlaufzeiten.

Sich selbst ein Zeitlimit setzen.

7. **Vorgenommene Zeiten einhalten:**
Die Erfahrung zeigt, dass wir für eine Arbeit so viel Zeit brauchen, wie wir dafür zur Verfügung haben. Versuchen Sie daher, eine Arbeit in einer eher knapp kalkulierten Zeit zu erledigen.
➪ Zeitknappheit zwingt Sie zu schnellen Ergebnissen.

   Nach dem Pareto-Prinzip erhalten wir in 20% der Zeit 80% eines Ergebnisses, d.h. ein zufriedenstellendes Ergebnis wird häufig in relativ kurzer Zeit erreicht. Der restliche Zeitaufwand geht dann für das Perfektionieren, für das Feilen drauf.

   Ein Beispiel: Ein durchaus akzeptabler Standard-Geschäftsbrief (also kein Werbebrief) wird einige Male umgeschrieben, da dieses und jenes Wort nicht passt, dort könnte es noch besser formuliert werden, die Form würde auch noch etwas Perfektionierung vertragen usw. Aber wozu eigentlich?

Gleichartige Arbeiten nacheinander erledigen.

8. **Bilden Sie Arbeitsblöcke:**
Arbeitsblöcke bilden heißt, dass Sie mehrere gleichartige Tätigkeiten hintereinander in einem Arbeitsgang erledigen. Sie gewinnen dadurch Zeit, weil Sie sich nur einmal vorbereiten müssen und außerdem sind Sie gedanklich bereits auf diese Tätigkeit eingestellt.

   Beispiele: Telefonanrufe machen, Besucher empfangen, Briefe schreiben, gleichartige Vorgänge am Computer erfassen usw.

Eine gute Vorbereitung ist der halbe Erfolg.

9. **Die Arbeit gut vorbereiten:**
Legen Sie sich alle Unterlagen zurecht, machen Sie sich alle Arbeitsmittel verfügbar und beginnen Sie dann mit der Arbeit, die Sie nun rascher erledigen können, da Sie nicht ständig unterbrechen müssen, um nach den benötigten Unterlagen zu suchen.

Eins nach dem anderen.

10. **Eine Arbeit nach der anderen erledigen:**
Viele Menschen glauben, sie schaffen mehr, wenn sie gleichzeitig an mehreren Aufgaben arbeiten. Dem ist aber nicht so. Wir können uns zu einem Zeitpunkt gedanklich sowieso nur auf eine einzige Sache konzentrieren. Daher ist es effizienter, eine Arbeit nach der anderen fertigzustellen. Das Hin- und Herspringen macht nur hektisch und nervös. Wir arbeiten dann unkonzentrierter und bringen im Endeffekt weniger weiter, weil wir uns immer wieder neu auf jede Aktivität einstellen müssen.

Pausen machen zum Krafttanken.

11. **Rechtzeitig Pausen einlegen:**
Kurze Pausen zwischendurch sind keineswegs vertane Arbeitszeit. Sie helfen uns, unsere Gedanken zu sammeln, den Kopf frei zu bekommen und uns wieder voller Energie auf die nächstfolgende Tätigkeit zu konzentrieren.

---

❶ Lege ich immer wieder Entspannungspausen ein?
❷ Arbeite ich konsequent an einer gewünschten Verhaltensveränderung?
❸ Bitte ich bei Grenzüberschreitungen um Erlaubnis? *„Darf ich ...?“*

Schritt für Schritt

Beppo Straßenkehrer - eine Geschichte zum Nachdenken

Die Geschichte von *Beppo Straßenkehrer* stammt aus dem Buch *„Momo" von Michael Ende.*

Rechtzeitig beginnen.

Er fuhr jeden Morgen lange vor Tagesanbruch mit seinem alten, quietschenden Fahrrad in die Stadt zu einem großen Gebäude. Dort wartete er in einem Hof zusammen mit seinen Kollegen, bis man ihm einen Besen und einen Karren gab und ihm eine bestimmte Straße zuwies, die er kehren sollte.

Arbeitsfreude ist wichtig.

Beppo liebte diese Stunden vor Tagesanbruch, wenn die Stadt noch schlief. Und er tat seine Arbeit gern und gründlich. Er wusste, es war eine sehr notwendige Arbeit.

Inne halten - langsam und stetig.

Wenn er die Straßen so kehrte, tat er es langsam, aber stetig: Bei jedem Schritt ein Atemzug und bei jedem Atemzug einen Besenstrich. Schritt - Atemzug - Besenstrich. Schritt - Atemzug - Besenstrich. Dazwischen blieb er manchmal ein Weilchen stehen und blickte nachdenklich vor sich hin. Und dann ging es wieder weiter - Schritt - Atemzug - Besenstrich -.

Schritt für Schritt: ein Schritt - ein Atemzug - ein Besenstrich -

Während er sich so dahinbewegte, vor sich die schmutzige Straße und hinter sich die saubere, kamen ihm oft große Gedanken. Aber es waren Gedanken ohne Worte, Gedanken, die sich so schwer mitteilen ließen wie ein bestimmter Duft, an den man sich nur gerade eben noch erinnert, oder wie eine Farbe, von der man geträumt hat. Nach der Arbeit, wenn er bei Momo saß, erklärte er ihr seine großen Gedanken. Und da sie auf ihre besondere Art zuhörte, löste sich seine Zunge, und er fand die richtigen Worte.

„Siehst du, Momo", sagte er dann zum Beispiel, „es ist so: Manchmal hat man eine sehr lange Straße vor sich. Man denkt, die ist so schrecklich lang; das kann man niemals schaffen, denkt man."

Eile und Hetze - haben Angst, Stress und Überlastung zur Folge.

Er blickte eine Weile schweigend vor sich hin, dann fuhr er fort: „Und dann fängt man an, sich zu eilen. Und man eilt sich immer mehr. Jedesmal, wenn man aufblickt, sieht man, dass es gar nicht weniger wird, was noch vor einem liegt. Und man strengt sich noch mehr an, man kriegt es mit der Angst, und zum Schluss ist man ganz außer Puste und kann nicht mehr. Und die Straße liegt immer noch vor einem. So darf man es nicht machen."

Der nächste Schritt ist wichtig.

Er dachte einige Zeit nach. Dann sprach er weiter: „Man darf nie an die ganze Straße auf einmal denken, verstehst du? Man muss nur an den nächsten Schritt denken, an den nächsten Atemzug, an den nächsten Besenstrich. Und immer wieder nur an den nächsten."

Wieder hielt er inne und überlegte, ehe er hinzufügte: „Dann macht es Freude; das ist wichtig, dann macht man seine Sache gut. Und so soll es sein."

Schritt für Schritt ans Ziel.

Und abermals nach einer langen Pause fuhr er fort: „Auf einmal merkt man, dass man Schritt für Schritt die ganze Straße gemacht hat. Man hat gar nicht gemerkt wie, und man ist nicht außer Puste." Er nickte vor sich hin und sagte abschließend: „Das ist wichtig."

Erkenntnisse für das tägliche Leben

1.	**Eins nach dem anderen:**
	♦ Erledigen Sie eine Sache nach der anderen. ♦ Arbeiten Sie konzentriert und stetig, aber hetzen Sie nicht. ♦ Es bringt wenig, an mehreren Aufgaben „gleichzeitig“ zur arbeiten. Sie verzetteln sich dadurch nur und in Summe ist Ihre Arbeitsleistung geringer, als wenn Sie der Reihe nach vorgehen. Sie können ja auch nicht mehrere Lieder auf einmal singen.
2.	**Der nächste Schritt ist wichtig:**
	♦ Das Motto lautet: *„Der Weg ist das Ziel!“* ♦ Sie müssen das Ziel kennen, damit Sie wissen, wo es lang gehen soll; das Ziel ist aber nur die Orientierung. ♦ Konzentrieren Sie sich auf den nächsten Schritt. Nur der nächste Schritt zählt jetzt im Augenblick; auf ihn müssen Sie Ihre Kraft und Energie richten. ♦ Wenn Sie sich immer den ganzen Weg, die ganze Arbeit, die Sie noch zu erledigen haben, vor Augen führen, dann belastet Sie das nur und kostet unnötige Energie.
3.	**Eile mit Weile:**
	♦ Lassen Sie sich durch eine große Arbeitsfülle nicht unter Druck setzen. Nicht die Arbeit selbst setzt Sie unter Druck, das tun Sie schon selbst. ♦ Eile und Hetze führen dazu, dass Sie unkonzentriert werden, dass Sie in Stress geraten, dass Sie mehr Fehler machen, dass Sie weniger „gut“ denken können (ein Teil der Energie wird dann für die Stressreaktion im Körper benötigt), dass Sie weniger leisten, als wenn Sie ruhig und stetig weiterarbeiten.
4.	**Innehalten:**
	♦ Halten Sie zwischendurch bei Ihrer Arbeit inne, damit Sie sehen, was Sie schon erreicht haben und freuen Sie sich über Ihre bisherigen Erfolge. Das motiviert Sie für den weiteren Weg. ♦ Prüfen Sie, ob Sie sich noch auf dem richtigen Weg befinden oder ob Sie eine Richtungsänderung vornehmen müssen.
5.	**Freude an der Arbeit:**
	♦ Wer mit Freude an eine Arbeit herangeht, der wird seine Sache gut machen und wer seine Sache gut macht, der verschafft sich ein Erfolgserlebnis, was wiederum die Freude an der Arbeit steigert. ♦ Das kennen Sie doch sicher auch: Wenn Sie mit Freude bei einer Sache sind, dann vergeht die Zeit wie im Flug, Sie sprühen vor Ideen, Sie fühlen sich einfach gut dabei. ♦ Versuchen Sie jeder Tätigkeit - auch wenn Sie Ihnen vielleicht noch so fad, nervig, dumm, nutzlos, lästig usw. erscheinen mag - etwas Positives abzugewinnen. Die Arbeit wird Ihnen leichter von der Hand gehen und Sie haben die für Sie „lästige“ Angelegenheit im Nu erledigt.

❶ Weiß ich, wie ich schnell wieder Energie tanken kann?
❷ Wehre ich mich vor Klammer-Affen (z.B. Rückdelegation, „Hilflosigkeitsmasche“)?
❸ Zeige ich, wenn ich verletzt worden bin oder schlucke ich jede Grenzüberschreitung, bis mir schließlich aus einem nichtigen Grund der Kragen platzt?

Der Tag rund um die Arbeit

Am Morgen

- Stehen Sie frühzeitig auf.
  Haben Sie auch die Gewohnheit, mit dem Aufstehen bis zur allerletzten Minute zu warten? Das bringt Ihnen aber keinen weiteren Erholungswert, sondern verschafft Ihnen schon am Morgen den ersten Adrenalinstoß, weil Sie nun hetzen müssen.
- Fällt Ihnen das Aufstehen sehr schwer, dann sollten Sie vielleicht am Abend früher ins Bett gehen.
- Frühstücken Sie ausgiebig und in Ruhe.
- Lassen Sie die privaten Sorgen zu Hause.
- Verlassen Sie rechtzeitig das Haus, um ohne Hast zur Arbeit zu gelangen. Sie sind dann nicht so genervt, wenn Sie im morgendlichen Verkehrsstau stecken, weil Sie ja noch genügend Zeitreserven haben, um pünktlich zu Dienstbeginn im Büro zu sein.

✔ Tipp

Eine Stunde früher ins Büro

Es gibt Menschen, die haben es sich zur Gewohnheit gemacht - und möchten diese keinesfalls mehr missen - morgens eine Stunde früher ins Büro zu kommen. Sie arbeiten in dieser Zeit, wo noch keiner stört, sehr konzentriert und intensiv und erledigen in dieser morgendlichen „stillen Stunde“ oft mehr als an einem ganzen Vormittag.

Der Arbeitsbeginn

- Beginnen Sie sofort mit Ihrer Arbeit - ohne lange Anlaufrituale (mit Kollegen unterhalten, den morgendlichen Kaffee trinken), denn eine halbe Stunde ist auf diese Art und Weise schnell vertan.
- Überprüfen Sie den Tagesplan und nehmen Sie sich die Schwerpunktaufgabe(n) des Tages zuerst vor. Es ist ein gutes Gefühl, wenn man diese Aufgabe(n) gleich als Erstes erledigt hat. Der Tag ist dann schon halb „gelaufen“. Sie haben Ihr Erfolgserlebnis und können sich den restlichen Aufgaben in Ruhe widmen.

Zu Mittag

- Essen Sie keine schwere Kost, denn das macht Sie für den Arbeitsnachmittag nur müde.
- Machen Sie nach Möglichkeit einen kurzen Spaziergang in der Natur, damit Sie wieder Kraft und Energie tanken und den Kopf frei bekommen.
- Machen Sie ein paar Entspannungsübungen, damit Sie wieder fit sind für den Arbeitsnachmittag.

Am Abend - vor Dienstschluss

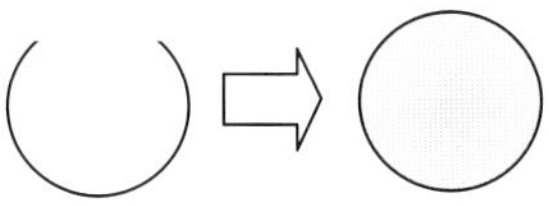

Offene Kreise schließen, da Sie alles, was nicht geschlossen ist, mitschleppen.

- Schließen Sie angefangene Aufgaben ab. Da heißt nicht, dass Sie jetzt den begonnenen Geschäftsbericht noch zu Ende schreiben müssen, sondern dass Sie z.B. einen Teilpunkt abschließen und nicht etwa mitten im Satz aufhören. Erledigtes gibt Ihnen ein gutes Gefühl.
- Überprüfen Sie Ihren Tagesplan und haken Sie alle erledigten Aufgaben ab. Nicht Erledigtes wird auf die kommenden Arbeitstage übertragen.
- Erstellen Sie den Tagesplan für den nächsten Arbeitstag.
- Räumen Sie den Schreibtisch auf. Es vermittelt ein gutes Gefühl, den Arbeitsplatz aufgeräumt zu verlassen, um dann am nächsten Morgen einen ordentlichen Schreibtisch vorzufinden.
- a) Durchatmen,
b) loslassen ⇨ die Probleme bewusst in der Firma lassen und
c) in den Feierabend starten.

✓ Tipp

„dopo lavoro“

Machen Sie es wie unsere südlichen Nachbarn, die Italiener. Fahren Sie nicht sofort nach Hause. Legen Sie eine Zwischenstation ein. Gehen Sie mit einem Kollegen auf einen Drink, machen Sie einen Spaziergang oder gehen Sie in eine Buchhandlung stöbern. Sie können damit die Spannungen des Arbeitsalltags loslassen, um dann zu Hause ganz für die Familie da zu sein.

Am Abend - Freizeit

- Nehmen Sie möglichst keine Arbeit von der Firma mit nach Hause.
- Wechseln Sie die Kleidung. Auch damit lassen Sie den Arbeitstag los.
- Tun Sie etwas, das Ihnen Freude macht.
„Was ist das Schönste, was ich heute noch tun könnte?“
- Auch das oft zitierte Sprichwort sollten Sie sich zu Herzen nehmen: *„Ein gesunder Geist in einem gesunden Körper“.* Betreiben Sie als Ausgleich für ihre geistige Betätigung Sport. (Betreiben, aber nicht übertreiben!!!).
- Worüber sich so mancher vielleicht Gedanken machen sollte: Ist es denn wirklich notwendig, einen Großteil seiner kostbaren Freizeit vor dem Fernseher oder vor dem Computer zu verbringen? Es gibt sicher sinnvollere Alternativen, die auch dem Familien- oder Freundesleben gut tun.

❶ Bereite ich eine Arbeit gut vor oder stürze ich mich Hals über Kopf ins Geschehen?
❷ Erkenne ich meine Zeitdiebe (Helfen-Wollen, Wichtig-Machen, Schmeichelei usw.)?
❸ Führe ich eine Aufgabe zu Ende, bevor ich die nächste angehe?

Zeit gewinnen durch Entlastung

Neben der Frage „*Was muss ich tun/Was ist meine Aufgabe?*“ sollten Sie sich immer auch folgende Fragen stellen:

1. *Was kann/muss ich unterlassen?*
2. *Was kann jemand anders machen?*
3. *Was kann später erledigt werden?*
4. *Was kann vereinfacht werden?*

Dadurch können Sie eine Menge Ballast abwerfen und Zeit gewinnen.

Verzichten Sie auf Unnötiges, das bedeutet Sie sollten nichts Unnötiges

- ❐ tun
- ❐ besprechen
- ❐ fragen
- ❐ ablegen
- ❐ verlangen
- ❐ mitteilen
- ❐ schreiben

Vieles, was wir tun, hat keinen produktiven Nutzen.

Beispiele: Wir liefern Berichte ab, die in dieser Form nicht mehr benötigt werden, weil sich die Rahmenbedingungen geändert haben. Wir erstellen Statistiken und Auswertungen, deren Abwesenheit nur auffällt, weil sie ein pflichtbewusster Kollege nicht ablegen kann. Wir erledigen Arbeiten „per Hand“ und tippen dann noch alles in den Computer ein u.a.m.

Analyse der unnötigen Aktivitäten

Hinterfragen Sie Ihre Aktivitäten kritisch.

Überprüfen Sie alle Ihre Aktivitäten und Aufgaben (ob neu oder alt) im Hinblick auf Entlastungsmöglichkeiten (in Anlehnung an *Lothar J. Seiwert*). Folgende Fragen sollen Sie zum Nachdenken anregen und Ihnen bei Ihren Entscheidungen helfen.

Muss nicht sein.

Muss diese Arbeit überhaupt sein? NEIN ⇨ **Arbeit streichen**

- Was geschieht, wenn ich die Arbeit nicht mache?
- Macht das nicht auch wer anders in der Firma?
- Ist mit dieser Aufgabe ein hoher Nutzen, Gewinn, Geldverlust verbunden?
- Bekomme ich Ärger, wenn ich es nicht tue?
- Ist es eine Anweisung von meinem Chef?
- Habe ich eine fixe Zusage gegeben?
- Handelt es sich um einen Kundenwunsch?
- Behindere ich durch das Nicht-Erledigen andere?
- Ist der reibungslose Betriebsablauf gefährdet?
- Ist diese Arbeit nur eine Alibi-Handlung?
- Mache ich die Arbeit nur aus gewohnheitsmäßiger Routine?
- Kann ich Teile weglassen?
- Wird an dieser Aufgabe meine persönliche Leistung gemessen?

Kann auch jemand anderer machen.

Muss ich die Arbeit selber machen? NEIN ➪ **Arbeit abgeben**

- Gibt es geeignete Mitarbeiter, an die die Aufgabe abgegeben/delegiert werden kann?
- Habe ich genügend Zeit, um die Mitarbeiter bei der Erledigung einer delegierten Aufgabe solange zu begleiten, bis ich sicher sein kann, dass sie diese erfolgreich zu Ende bringen?
- Mache ich die Aufgabe selber, weil ich sie gerne tue, obwohl Mitarbeiter oder Kollegen dafür zuständig wären?
- Ist es eine Aufgabe, die eigentlich mein Vorgesetzter zu erledigen hat?
- Gehört die Aufgabe überhaupt zu meinem Arbeitsbereich/Aufgabenfeld?
- Habe ich die Aufgabe aus meiner vorherigen Position mitübernommen?
- Glaube ich, dass nur ich die Aufgabe wirklich gut erledigen kann? Wie wär`s mit einem Versuch?
- Welchen Stellenwert hat diese Aufgabe für das Gesamtunternehmen?
- Hängt von einer positiven Erledigung sehr viel ab?

Genügt auch noch später.

Muss die Arbeit jetzt sein? NEIN ➪ **Arbeit terminieren**

- Was passiert, wenn ich die Arbeit liegen lasse?
- Gibt es einen günstigeren Zeitpunkt, die Aufgabe zu erledigen?
- Verlieren wir Zeit und Geld, wenn die Arbeit nicht jetzt gemacht wird?
- Gewinnen wir Zeit und Geld, wenn die Arbeit jetzt gemacht wird?
- Muss ich die Arbeit in vollem Umfang jetzt machen bzw. kann ein Teil später erledigt werden?
- Behindere ich den organisatorischen Ablauf?
- Braucht jemand das Ergebnis meiner Arbeit für seine Weiterarbeit?

Geht auch einfacher.

Muss die Arbeit in dieser Form sein? NEIN ➪ **Arbeit rationalisieren**

- Muss die Aufgabe wirklich so ausführlich, umfangreich, exakt und pedantisch erledigt werden oder tut es weniger Aufwand auch?
- Gibt es Arbeitsmittel, Hilfsmittel, die mir die Arbeit erleichtern?
- Wo schlägt mein Perfektionismus zu?
- Gibt es einen rationelleren Weg, die Aufgabe auszuführen?
- Wäre eine Checkliste/ein Formular hilfreich?
- Was geht leichter mit/was ohne EDV?

---

❶ Mache ich mir selbst Zeitvorgaben für meine Aufgaben und halte diese dann auch ein?
❷ Beginne ich frühzeitig mit der Erledigung wichtiger Aufgaben bevor mich der Termindruck dazu zwingt?
❸ Bilde ich Arbeitsblöcke für gleichartige Aufgaben (Telefonate, Besprechungen usw.)?

„Hausgemachter" Stress - NEIN danke

„Ich bin so gestresst. Ich stehe total unter Druck. Mein Terminkalender ist übervoll. Ich habe keine Zeit!" Lauter Standardaussprüche des modernen Arbeitsmenschen.

Stress - häufig verursachen wir ihn selbst.

Stress ist ein fixer Bestandteil unserer Arbeitswelt. Termindruck, Leistungsdruck und rasante Veränderungen lassen uns immer mehr in Stress geraten. Auf diese Faktoren, die uns von außen aufgedrückt werden, haben wir relativ wenig Einfluss. **Stress wird jedoch nicht nur durch äußere Bedingungen verursacht, zum Großteil ist er „hausgemacht"**, d.h. wir selbst sind die Verursacher - und dagegen können wir einiges unternehmen.

Stress - eine Körperreaktion, um mit Belastungen fertig zu werden.

Stress ist eine Reaktion des Körpers, um mit außergewöhnlichen Belastungen umgehen zu können. Das Ziel der Stressreaktion ist es, uns in die Lage zu versetzen zu kämpfen oder zu fliehen (was der Urzeit-Mensch brauchte, wenn er etwa mit einem wilden Tier konfrontiert war). Auch heute noch reagiert der zivilisierte Mensch mit diesem **Kampf-Flucht-Verhalten**, wenn es auch selten dabei ums Überleben geht. Beispielsweise bekommen wir das aggressive Verhalten von gestressten Zeitgenossen oft schmerzlich zu spüren.

Wenn der Stress zu groß wird ...

Stress führt zu Denkblockaden.

Stress bindet Energie, die wir zum Denken brauchen, Stress führt somit zu Denkblockaden. Wenn Sie also wieder einmal so richtig gestresst sind, dann halten Sie inne und legen Sie eine kurze Pause zur Entspannung ein, bevor Sie mit Ihrer Tätigkeit fortfahren.

Führen Sie die nachfolgenden Übungen mindestens 1 – 1½ Minuten durch:

- tief durchatmen
- sich auf die Brust klopfen
- langsam bis zehn zählen
- ein Lied singen
- die Fäuste ballen und wieder loslassen
- Stiegen steigen
- einige Schritte gehen

Drei besondere Tipps von *Vera F. Birkenbihl*:

- Musik hören:
  Nehmen Sie sich ein oder mehrere Musikstücke, die Sie besonders mögen, auf Kassetten auf. Diese sollten Sie dann immer griffbereit haben - eine zu Hause, eine im Auto und eine im Büro zusammen mit einem Recorder/ Walkman - um sie jederzeit anhören zu können. Sie werden sich danach bestimmt besser fühlen.
- Ein beruhigendes Bild anschauen:
  Besorgen Sie sich einige Bilder, die Ihnen beim Anschauen Freude bereiten. Bewahren Sie diese immer in Ihrer Nähe auf, z.B. im Schreibtisch oder in der Brieftasche.
- Lächeln:
  Auch wenn Sie noch so sauer, grantig oder genervt sind, heben Sie mindestens eine Minute lang die Mundwinkel. Es geht Ihnen danach sicherlich etwas besser. Probieren Sie es einfach aus!

Stressverursachende Situationen - und was Sie dagegen tun können

Viele Stress-Situationen sind vermeidbar.

Fehlender Überblick	➪ Schreiben Sie alle Aktivitäten auf - im Kopf bekommen Sie nämlich kein klares Bild. ➪ Aufschreiben entlastet das Gehirn. Es muss Sie dann nicht ständig daran erinnern, was Sie nicht vergessen dürfen. ➪ Durch das Aufschreiben ist zwar die Arbeit noch nicht getan, aber Sie werden dann ruhiger. Sie können nun einen Plan schmieden, was Sie wann, wie machen können.
Zu viel vorgenommen	➪ Wir meinen häufig, viel mehr Zeit zur Verfügung zu haben, als dies in Wirklichkeit der Fall ist. Dabei müssen wir oft froh sein, wenn wir ein bis zwei Stunden pro Tag an einer wichtigen Sache arbeiten können. ➪ Planen Sie also realistisch. Was können Sie wirklich an diesem Tag bis zum Abend schaffen?
Zu viel aufbürden lassen	➪ Lernen Sie NEIN zu sagen - mit einer schriftlichen Aktivitätenliste geht das einfacher, denn diese liefert Ihnen gleich auch noch ein handfestes Argument mit, warum Sie keine weitere Aufgabe übernehmen können. ➪ Konzentrieren Sie sich auf Ihre eigenen, wichtigen Aufgaben.
Terminhetze	➪ Stehen Sie am Morgen rechtzeitig auf, damit Sie nicht schon gehetzt am Arbeitsplatz erscheinen. ➪ Planen Sie ausreichend Wegzeit ein, so kommen Sie ruhig und gelassen an Ihr Ziel. ➪ Legen Sie zwischen zwei Terminen eine kurze Entspannungspause ein, um sich wieder zu sammeln.
Große Arbeitsfülle	➪ Lernen Sie zu delegieren - Sie müssen nicht alles selber tun. ➪ Kümmern Sie sich nicht um jeden Kleinkram.
Gleichzeitiges Arbeiten an mehreren Sachen	➪ Das Hin- und Herspringen zwischen Aufgaben bringt gar nichts, denn Sie müssen sich immer wieder gedanklich auf etwas anderes einstellen, was im Endeffekt mehr Zeit kostet. ➪ Erledigen Sie eine Sache nach der anderen. Mit jeder erledigten Aufgabe verbuchen Sie ein Erfolgserlebnis und Sie motivieren sich selbst.
Den unerledigten Arbeitsberg vor Augen	➪ Viele Menschen lassen alles Unerledigte auf dem Schreibtisch liegen, damit sie auch ja nichts vergessen. Dieser unerledigte Berg vor Augen ist jedoch ein permanenter Stressverursacher. Er erinnert Sie andauernd an das, was Sie noch zu tun haben. ➪ Räumen Sie alles vom Tisch weg, was nicht zu der Arbeit gehört, die Sie gerade zu erledigen haben.
Perfektionismus	➪ Nehmen Sie sich vorerst einmal eine „nur gute" Lösung vor, die Sie dann ja immer noch verbessern können. Aber zumindest haben Sie eine Lösung, was auch entstressend wirkt und in den meisten Fällen sind Sie sowieso damit zufrieden.
Aufschieben	➪ Ein Teil des Stresses rührt nicht von den erledigten, sondern von den unerledigten Aufgaben her. ➪ Erledigen Sie zu Tagesbeginn eine Schiebe-Aufgabe, bevor Sie sich anderen Tätigkeiten zuwenden.

➊ Welche Tätigkeiten streiche ich ersatzlos?
➋ Arbeite ich regelmäßig meine Aufzeichnungen, meine Ideensammlung im Hinblick auf Verwertungsmöglichkeiten durch?
➌ Was hindert mich immer, eine Arbeit zu beginnen oder diese zu beenden?

NEIN zur „Aufschieberitis"

„Morgen, morgen, nur nicht heute sagen alle faulen Leute."

„Aufschieberitis" ist eine weit verbreitete Krankheit, die viele von uns befällt, wenn wir eine unangenehme, schwierige, lästige, komplexe oder langweilige Aufgabe zu erledigen oder wenn wir eine Entscheidung zu treffen haben. Die vor uns hergeschobene Angelegenheit bereitet uns ein unbehagliches Gefühl, dem wir entkommen wollen, indem wir **schieben, schieben, schieben ... auf dass sie sich in Luft auflöse oder von selbst erledigen möge!**

Manches erledigt sich dann wirklich von selbst. *„Gott sei Dank hat mir das Schicksal die Entscheidung abgenommen!"*, denkt sich so mancher Unentschlossene. Aufschieben ist jedoch keine Dauerlösung. Wir können dadurch arg in Bedrängnis geraten. Der Berg, der am Anfang vielleicht ganz klein war, wird durch das Aufschieben von Tag zu Tag größer:

Der Berg wächst von Tag zu Tag.

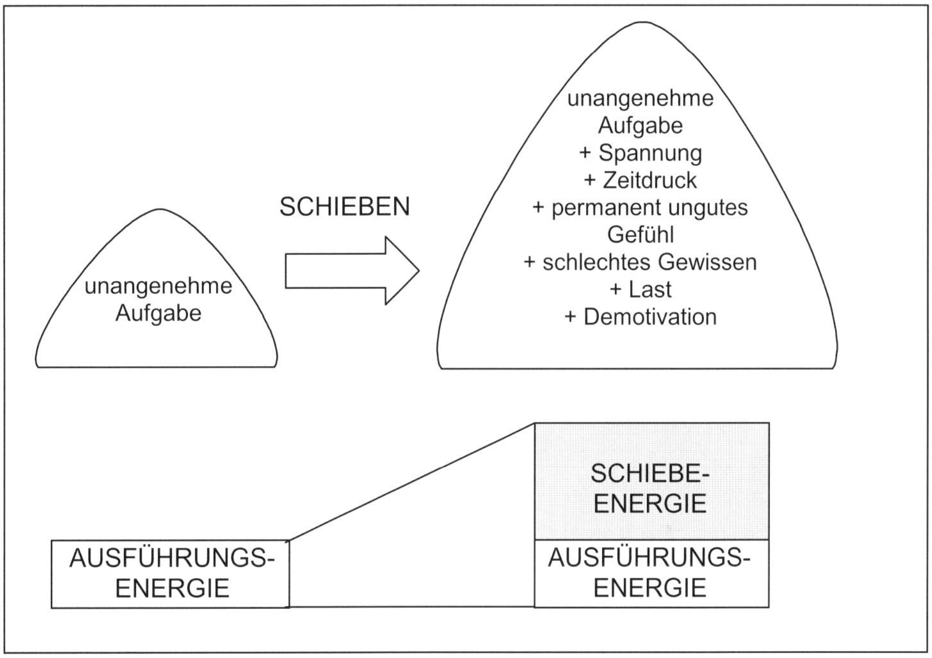

- Aufschieben kostet eine Menge wertvoller Energie, die wir anders sinnvoller nutzen könnten.
- Zeitdruck und Anspannung steigen.
- Wir haben ständig ein ungutes Gefühl, ein schlechtes Gewissen - unser Unterbewusstes arbeitet sorgfältig und erinnert uns mehr oder weniger oft an die noch zu erledigende Aufgabe.
- Wir fühlen uns immer mehr gestresst.
- Unerledigte Dinge bremsen unsere Schaffenskraft und demotivieren uns.

„Gute" Gründe für´s Aufschieben gibt es immer.

Gründe für das Aufschieben:

Menschen, die unerledigte Aufgaben, fällige Entscheidungen vor sich herschieben sind nicht unbedingt faule Leute, wie das Sprichwort sagt. Hinter dem Aufschieben verbergen sich meist tieferliegende Probleme wie mangelndes Selbstwertgefühl, Angst vor Misserfolgen, Perfektionismus, Unentschlossenheit, unklare Zielsetzung, Überforderung, das Gefühl von Ohnmacht oder auch Druck von außen.

Anti-Aufschiebe-Taktiken

1.	**Übersicht gewinnen**
	Schreiben Sie alle Schiebe-Aufgaben auf, denn im Kopf gewinnen Sie keinen Überblick.
2.	**Treffen Sie dann für jede Aufgabe eine der folgenden Entscheidungen**
	a) **Ich mache es nicht.** Fragen Sie sich selbstkritisch und ehrlich: *„Werde ich diese Aufgabe jemals noch erledigen?"* Wenn nicht, dann streichen Sie diese endlich, um sich nicht weiterhin zu belasten! Die Entscheidung, etwas nicht zu machen, ist nutzbringender als die vage Hoffnung, die leidige Angelegenheit vielleicht u.U. irgendwann doch zu erledigen. Häufig handelt es sich um Aufgaben, von denen wir meinen, dass wir sie tun müssten, aber innerlich eigentlich gar nicht wollen, was wir uns auch wieder nicht eingestehen möchten. Ein Beispiel: *„Die Zeitschriften lese ich alle einmal durch, wenn Zeit dazu ist."* ⇨ Der Zeitschriftenstapel wird immer größer und das schlechte Gewissen auch. b) **Ich entscheide mich für ein späteres Erledigungs-Datum, d.h. ich beschäftige mich damit wieder am ....** Die Aufgabe wandert in die Wiedervorlage. So sind Sie vorerst entlastet und brauchen sich in der Zwischenzeit nicht weiter damit auseinanderzusetzen. c) **Ich mache es sofort, ich nehme mir die Aufgabe als erstes für den nächsten Tag vor.** Ich trage die Aufgabe in meinen Tagesplan ein.

Die Entscheidung, etwas nicht zu machen, wirkt befreiend.

Manche Dinge brauchen Zeit, um zu reifen.

Tun Sie es jetzt!

Unterstützende Maßnahmen, damit Sie weniger schieben:

10-Minuten-Technik	Arbeiten Sie einfach nur zehn Minuten daran. Mehrmals zehn Minuten können wir leichter ertragen, als vielleicht zwei bis drei Stunden an der leidigen Sache zu arbeiten.
Starttechnik	Richten Sie Ihr Augenmerk auf den Anfang und nicht auf das Ende. Ist erst einmal die Anfangshürde genommen, findet sich der weitere Weg von selbst.
Nichts-anderes-tun-Technik	Tun Sie nichts anderes, bevor Sie nicht diese Aufgabe erledigt haben. Flüchten Sie auch nicht gedanklich, sondern kehren Sie immer wieder konsequent zur Aufgabe zurück.
Belohnungs-Technik	Belohnen Sie sich selbst, gönnen Sie sich zusätzlich etwas Schönes nach jedem erfolgreichen Schritt.

✔ Tipp

Erledigen Sie jeden Tag eine Schiebe-Aufgabe oder zumindest einen Teil davon. Beginnen Sie immer am Morgen mit dieser Aufgabe. Diese Aufgabe hat absolute Priorität - und wenn es nur zehn Minuten sind. ABER: **Tun Sie es einfach!**
Oder gehen Sie am Abend nicht aus dem Büro, bevor die Sache zu Ende gebracht ist.

❶ Mit welchem Verhalten schaffe ich mir selbst immer wieder stressige Situationen?
❷ Kümmere ich mich um vieles, was auch andere ganz gut oder sogar besser erledigen könnten?
❸ Widme ich weniger wichtigen Aufgaben einen zu großen Teil meiner Arbeitszeit?

NEIN zum Perfektionismus

Hinter Perfektionismus verbergen sich häufig Angst und Unsicherheit.

Hinter Perfektionismus verstecken sich Unsicherheit, mangelnder Selbstwert, Angst vor Fehlern, Angst, nicht zu genügen, ein übersteigerter Leistungsanspruch.

Perfektionisten haben eine **verzerrte Wahrnehmung bezüglich ihrer Leistung** entwickelt. Sie wurden als Kinder selten gelobt bzw. häufig kritisiert.

Die verzerrte Wahrnehmung eines Perfektionisten.

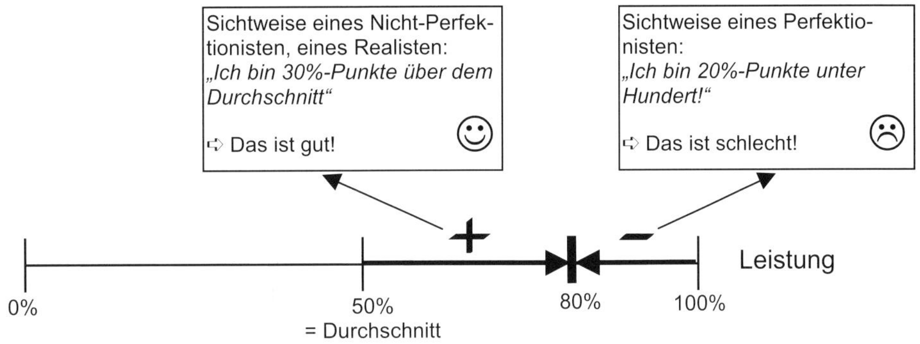

Das Pareto-Prinzip

Das Pareto-Prinzip (benannt nach dem italienischen Nationalökonomen *Vilfredo Pareto*) besagt, dass 20% einer untersuchten Menge 80% des Gesamtwertes ergeben und 80% der Menge machen 20% des Wertes aus.

Beispiele:

- 20% der Warenbestände entsprechen 80% des Wertes
  80% der Warenbestände entsprechen 20% des Wertes
- 20% der Kunden bringen 80% des Umsatzes
  80% der Kunden bringen 20% des Umsatzes
- 20% der Fehler verursachen 80% des Ausschusses
  80% der Fehler verursachen 20% des Ausschusses

Die 80:20-Regel

80:20-Regel für das Zeitmanagement.

Abgeleitet vom Pareto-Prinzip gilt für das Zeitmanagement die 80:20-Regel:

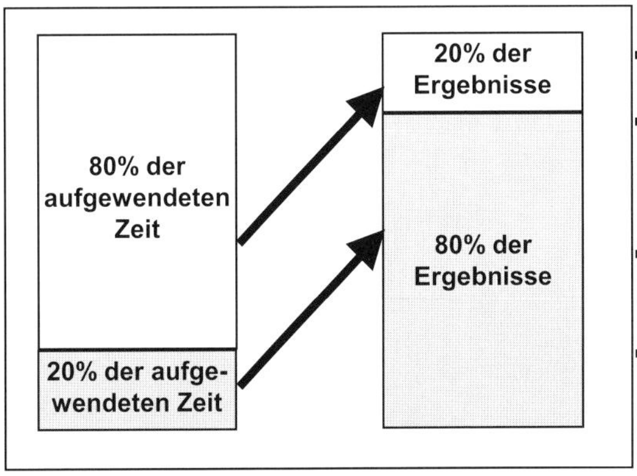

- ➪ in ca. 20% der Zeit können 80% der Aufgaben erledigt werden
- ➪ in ca. 80% der Zeit werden die restlichen 20% der Aufgaben erledigt
- ➪ in ca. 20% der aufgewendeten Zeit erhalten wir 80% eines Ergebnisses
- ➪ die restlichen 80% verwenden wir, um die verbleibenden 20% zu erhalten

Welche Auswirkungen hat Perfektionismus?

Nicht-Perfektionismus bezogen auf das Ergebnis	Perfektionismus bezogen auf das Ergebnis
♦ ein gutes, ausreichendes Ergebnis	♦ ein Super-Ergebnis
♦ wird in ca. 20% der aufgewendeten Zeit erhalten	♦ dafür sind nochmals zusätzlich 80% Zeitaufwand nötig
♦ Was muss unbedingt sein?	♦ Was ist nicht notwendig? ➪ Schnörkel, Feilen, Polieren
♦ Grundnutzen, Grundfunktion muss abgedeckt sein ♦ Beispiel Rechnung: Datum, Artikel, Menge, Preis, ...	♦ Zusatznutzen, Zusatzfunktionen sind gut, aber nicht „lebensnotwendig" ♦ Beispiel Rechnung: höfliche Floskeln, Layout, Papiersorte, ...
♦ möglichst wenige Fehler ➪ Schadensminimierung	♦ Null-Fehler-Rate
♦ Kosten-Nutzen-Relation stimmt	♦ Kosten sind viel höher als der Nutzen

Die letzten 2% sind am teuersten.

Wie gehen Sie mit Ihrem Perfektionismus um?

Nicht so gut wie möglich, sondern so gut wie nötig.

1. Beantworten Sie Sich folgende zwei Fragen:
   ➪ *„Was ist die Grundfunktion, die ich unbedingt abzudecken habe?"*
   ➪ *„Was ist eine Zusatzfunktion, die ich eher oberflächlich behandeln kann?"*

2. Setzen Sie sich ein Zeitlimit für eine Aufgabe und halten Sie sich konsequent daran.

Das Ergebnis zählt - und nicht der perfekte Weg.

3. Halten Sie sich immer vor Augen, dass eine gute, eine machbare, eine gangbare Lösung gefragt ist - und nicht eine perfekte.

4. Akzeptieren Sie Fehler als Lernchancen (wie dies die Kinder tun):
   Fehler sind nur dann „verdammenswürdig", wenn wir nichts daraus lernen und immer und immer wieder denselben Fehler begehen.

Perfektionisten ernten nicht immer Lorbeeren.

5. Machen Sie sich die unangenehmen Konsequenzen bewusst:
   ➪ Es bleibt vielleicht wichtige Arbeit auf der Strecke.
   ➪ Sie kommen mit anderen Aufgaben in Zeitverzug.
   ➪ Perfekte Arbeiten werden nicht in dem Ausmaß anerkannt, wie Sie sich das vielleicht wünschen würden, denn was bringt der Firma die perfekte, aber sehr zeitaufwendige und damit teurere Aufgabenerledigung?

6. Perfektionismus ist nur dort angebracht, wo sehr viel davon abhängt bzw. wo es der Arbeitgeber verlangt und deshalb auch bereit ist, dafür zu zahlen.

✔ Tipp

Erfolgserlebnisse ernten

Erfolgserlebnisse ernten wir dann, wenn wir das tun, was im Sinne der Organisation, der Vorgesetzten, der Kunden ist - und nicht dann, wenn wir eine perfekte Arbeit liefern, die eigentlich keiner außer wir selbst verlangt hat.

❶ Was lenkt mich in meinem Arbeitsumfeld besonders stark ab (Gegenstände, Geräusche, Vorkommnisse) - und was werde ich dagegen unternehmen?
❷ Welche Aufgaben lassen sich rationeller erledigen/vereinfachen?
❸ Welche aufgeschobene Sache, die mich schon lange nervt, erledige ich sofort?

Die Lesestoffberge bewältigen

Zwei Alltagsgeschichten:

Herr Müller hat vier der wichtigsten Fachzeitschriften, zwei Branchenmagazine, zwei Tageszeitungen und ein Wochenmagazin abonniert. Er möchte stets bestens informiert sein und in seinem Fachgebiet am Ball bleiben. Herr Müller ist ein vielbeschäftigter Mann und so türmen sich auf seinem Schreibtisch Stapel von ungelesenen Hochglanzmagazinen und Zeitschriften. Er will sie alle noch lesen, wenn er Zeit dafür hat. Ob das jemals der Fall sein wird, bevor die Informationen veraltet sind?

Herr Maier, ein Mann der immer alles genau wissen möchte, liest jeden Lesestoff penibel von vorne bis hinten durch, sobald dieser auf seinem Tisch landet. Es könnte ja etwas Wichtiges dabei sein. Manchmal braucht er für das Durchstudieren der Zeitschriften, Rundschreiben, Werbebriefe, Kataloge bis zur Mittagspause oder sogar noch länger. Aber immerhin, er ist dann bestens informiert.

Zwei wesentliche Probleme zeigen sich anhand der Schilderungen:

1. Die Informationsflut ist zeitlich kaum noch bewältigbar.
2. Es geht durch die Überfülle von Lesestoff viel wertvolle Arbeitszeit verloren.

Strategien zur Bewältigung der Informationsflut

1. Schneller lesen:

- Verbesserte Lesetechnik ermöglicht schnelleres Lesen:
  Vermeiden Sie inneres Mitsprechen, Buchstabieren, Wort-für-Wort-Lesen, Doppelt- oder Dreifach-Lesen, häufiges Fixieren.
- Besuchen Sie einen Kurs, um die Technik des Schnell-Lesens zu erlernen.

2. Gezielt und selektiv lesen:

Lesestoff gezielt auswählen.

- Lesen Sie nur das, was Sie unbedingt an Informationen benötigen. Beantworten Sie dazu folgende Fragen:
  Was brauche ich, damit ich meine Arbeit gut erledigen kann?
  Was ist wichtig für meine Weiterentwicklung?
- Wenn Sie wissen, worauf Sie achten wollen, werden Sie diese Informationen gezielt wahrnehmen. Man nennt das **selektive Wahrnehmung**, d.h. unser Gehirn filtert aus der Fülle der Informationen immer jene Details heraus, die uns gerade interessieren.
- Wählen Sie Bücher und Fachzeitschriften, die Sie lesen wollen, kritisch aus. Weniger ist oft mehr!

3. Vom Überblick zum Detail:

- Lesen Sie in Fachzeitschriften, in Büchern zuerst die Inhaltsangabe und dann gezielt nur jene Artikel bzw. Kapitel, die Sie näher interessieren. Blättern Sie den Rest dann nur ganz schnell durch oder übergehen Sie ihn einfach ganz.

Querlesen verschafft einen Überblick.

- Lesen Sie zuerst quer (= quer über die Seite von links oben nach rechts unten), um einen ersten Überblick zu bekommen. Sie werden automatisch an für Sie wichtigen Informationen hängen bleiben.
- Zusammenfassungen genügen oft auch.
- Versuchen Sie nicht jedes Wort zu verstehen, wie Sie dies in der Schule gelernt haben. In den meisten Fällen genügt es, den Sinn zu erfassen.

4. Das Gelesene behalten/auswerten:

- Untersuchungen haben ergeben, dass bis zu 80% der neu aufgenommenen Informationen 24 Stunden später wieder vergessen sind.
- Lesen Sie daher stets konzentriert.
- Unterstreichen Sie wichtige Punkte oder markieren Sie diese mit einem Leuchtstift.

Das Gelesene immer auswerten.

- Machen Sie sich Randnotizen.
- Erstellen Sie Exzerpte, indem Sie beim Lesen mitschreiben oder auf Band sprechen.
- Notieren Sie Ideen, die Ihnen beim Lesen kommen, sofort auf einem eigenen Zettel. Diese Notizen gehören in die Ideenablage.

5. Lesestoff aufteilen:

- Warum alles selbst lesen? Teilen Sie den Lesestoff unter Kollegen oder Mitarbeitern auf. Berichten Sie sich gegenseitig darüber.

6. Internet als Informationslieferant:

- Das Internet stellt eine wesentliche Ergänzung zu den schriftlichen Informationsmedien dar.
- Seien Sie jedoch bei Ihren Recherchen sehr diszipliniert. Setzen Sie ganz klare Prioritäten und beschränken Sie die Zeit, um nicht dem „Surffieber“ zu verfallen, denn die Stunden vergehen dabei wie im Flug. *„Stunden verstreichen, ohne uns zu berühren, ohne einen wesentlichen Eindruck zu hinterlassen. Welch vertane Zeit!“*

7. Wann lesen?

Der Lesestoff gehört in den LESESTOFF-Korb.

- Lesestoff gehört zuerst im **LESESTOFF-Korb** abgelegt. Keinesfalls sollten Sie die Zeitschriften sofort durchlesen, wenn Sie sie erhalten, d.h. also nicht sofort bei der Postbearbeitung, was ja meist am Vormittag geschieht. Diese Zeit ist produktiveren Arbeiten vorbehalten.
- Günstig zum Lesen sind Zeiten, in denen Sie Ihr Leistungstief haben, z.B. kurz nach der Mittagspause.
- Lesen Sie zwischendurch, wenn Sie Abstand von einer anstrengenden Aufgabe brauchen.

Reisezeiten und Wartezeiten zum Lesen nutzen.

- Reisezeiten oder Wartezeiten können ebenfalls zum Lesen genutzt werden. ➪ Sorgen Sie dafür, dass Sie unterwegs immer Lesestoff dabei haben.
- Planen Sie in Ihrem Zeitplan Lesestunden ein, damit sich die ungelesenen Zeitschriften nicht türmen.

8. Informationen nach Stichwörtern ordnen:

Schneller Zugriff auf Informationen mittels Hängeregistratur und Stichwortmappen.

- Schaffen Sie sich ein übersichtliches Informations-Ablagesystem, um bei Bedarf darauf schnellstmöglich zurückgreifen zu können. Eine **Hängeregistratur** ist dazu bestens geeignet.
- Legen Sie sich **Stichwortmappen** für alle wesentlichen Themen an z.B.: Tagesplanung, Lebensziele, NEIN sagen, Telefonieren
- In die Mappen kommen dann Kopien von Artikeln, Exzerpte, Notizen, eben alles, was unter das Thema fällt.
- Wenn Sie keine Hängeregistratur haben, dann können Sie sich mit Klarsichthüllen, die Sie mit dem Stichwort kennzeichnen, behelfen. Verwenden Sie dazu Deckblätter oder Klebe-Etiketten.

---

❶ Lege ich während der Arbeit regelmäßig zwischendurch Entspannungspausen ein?
❷ Nutze ich meine Warte- und Reisezeiten sinnvoll (zum Lesen, zum Entspannen, zum „Ideenspinnen“, zum Lernen)?
❸ Welche Schiebe-Aufgabe erledige ich heute noch oder zumindest beginne ich damit?

Ideen festhalten und verwerten

Hurra - ich hab`s

- Ideen sind Botschaften aus dem Unterbewussten.
- Keine Idee ist Zufall - eine Idee kommt keinesfalls ohne Grund.
- Jede Idee ist eine persönliche Idee.
- Jede Idee ist die Idee einer Lösung, nach der ich (lange) gesucht habe.
- *„Lasst den Ideen Gelegenheit zum Einfallen geben!“*

Seien Sie immer bereit für Ideen!

Was passiert üblicherweise mit den Ideen?

Über 90% der nicht notierten Ideen werden wieder vergessen.

Was macht der Mensch üblicherweise mit seiner Idee? **Er VERGISST sie!** Über 90% der Ideen, die nicht notiert werden, vergessen wir wieder.

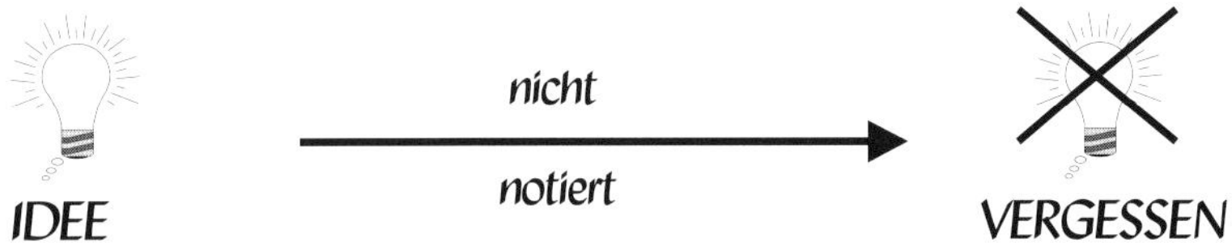

Beispiel:

Wie oft haben wir uns schon geärgert, als wieder Weihnachten oder ein Geburtstag vor der Türe stand und wir nicht wussten, wie wir den zu Beschenkenden eine wirkliche Freude machen könnten - und wie so oft sind es „nur“ Alibi-Geschenke geworden. Dabei hatten wir doch während des Jahres so gute Einfälle, die wir - wie wir uns ganz fest vorgenommen hatten - ganz bestimmt merken wollten. Aber leider sind sie trotzdem aus unserem Gedächtnis verschwunden.

Geschenk-Ideen:

Hans:	Bildband - Tibet
Petra:	Konzertkarte, Essen
Marco:	Zeitschriften-Abo, Kursbesuch
Beate	Mozart-CD

Hier könnte eine Geschenk-Ideenliste einfache Abhilfe schaffen.

Wer der Idee keinen Ausdruck gibt, lässt sie verkommen!

Werden Ideen nicht verwertet, versiegt langfristig die Quelle der Ideen.

Ideen sind wie Geschenke, die man dankbar annehmen und beachten sollte.

Mit Ideen ist es wie mit Geschenken. Wenn ich jemandem immer wieder ein Geschenk mitbringe, das dieser gar nicht achtet, nicht einmal in die Hand nimmt, nicht behält, dann werde ich irgendwann aufhören, diesem Menschen Geschenke zu machen. Genauso ist es mit den Ideen.

Das Unterbewusstsein schickt uns Einfälle - quasi als Geschenke. Wenn wir diese immer und immer wieder ignorieren, wird eines Tages die Ideen-Quelle versiegen.

Was tun mit den Ideen?

1.	**Sofort notieren**
	♦ Notieren Sie Ihre Ideen in ganzen Sätzen. Mit Stichworten kann es uns wie mit dem Knoten im Taschentuch gehen: Der Knoten soll uns an etwas erinnern, das tut er auch, aber leider wissen wir nicht mehr, an was eigentlich. ♦ Halten Sie etwas zum Aufschreiben parat. Ideen erhalten wir in den wenigsten Fällen auf Knopfdruck. Haben Sie daher immer Papier und Bleistift bei der Hand, denn Ideen können Sie jederzeit treffen, ob in der Straßenbahn, beim Fernsehen, bei der Bergwanderung oder beim Frühstück. Natürlich kann es statt Papier und Bleistift auch ein Diktiergerät oder ein Taschencomputer sein. ♦ Möglichkeiten, Ideen festzuhalten: In einem Notizbuch, im Zeitplanbuch, lose Blätter (diese gehören aber sofort eingeordnet in eine Ideenmappe bzw. einen Ideenordner, da sie ansonsten leicht verloren gehen).
2.	**Ordnung in Ihre Ideen bringen**
	♦ Legen Sie ein Ideen-Register (= Stichwortverzeichnis) sowie eine Ideen-Ablage an (z.B. Hängeregistratur, Ideenordner). ♦ Der Nutzen einer Sammlung ist um so größer, je mehr Ordnung vorherrscht.
3.	**Aufzeichnungen regelmäßig durchgehen**
	♦ Ideen zu notieren nützt nur dann, wenn Sie das gesammelte Material a) regelmäßig sichten und b) auf Verwertbarkeit überprüfen. ♦ Fragen: *Auf welche Frage gibt diese Idee ein Antwort?* *Wem könnte die Idee nützlich sein?* *Wie könnte ich diese Idee umsetzen (Mittel und Maßnahmen)?*

✔ Tipp

Lassen Sie Ihr Unterbewusstsein für sich arbeiten

„Der Herr gibt`s den Seinen im Schlaf.“

Geben Sie Ihrem Unterbewusstsein „bewusst“ den Auftrag, nach Ideen und Lösungen zu suchen - am besten kurz vor dem Einschlafen - und beschäftigen Sie sich dann nicht weiter damit. Das Unterbewusstsein begibt sich dann auf die Suche nach einer Lösung - auch während sie schlafen. So kann es dann vorkommen, dass Ihnen kurz nach dem Aufwachen die Lösung einfällt. Je häufiger Sie mit dieser Technik arbeiten, um so besser funktioniert sie.

Bemerkung: Das Unterbewusstsein ist ein gigantisches Informationsreservoir. Es hat alle Informationen und Erfahrungen unseres Lebens gespeichert. Dazu ein Bild zum Vergleich von *Vera F. Birkenbihl*:

15 mm Bewusstsein entsprechen 11 km Unterbewusstsein

❶ **Wo schlägt mein Perfektionismus zu?**
❷ **Schließe ich meinen Tag ab, bevor ich nach Hause gehe (Tagesplan für morgen, Schreibtisch aufräumen, offene Kreise schließen)?**
❸ **Sage ich ehrlich NEIN, wenn ich innerlich NEIN meine?**

NEIN zum überfüllten Schreibtisch-Arbeitsplatz

Tipps zur Arbeitsplatz-Organisation

1. Machen Sie ein Ende mit dem überfüllten Schreibtisch!

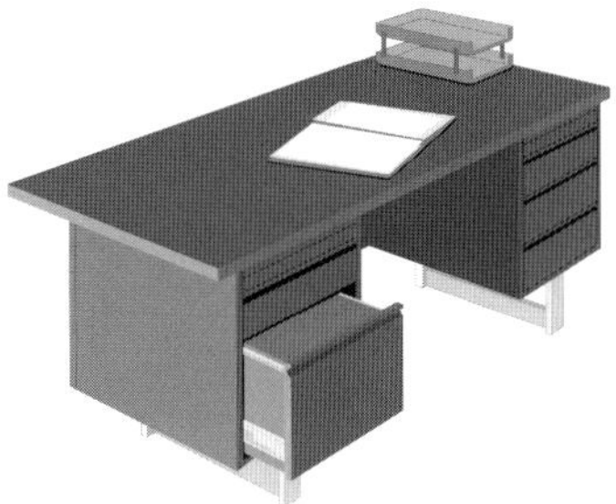

- Räumen Sie alles von Ihrem Schreibtisch weg, was Sie nicht ständig für Ihre Arbeit benötigen bzw. was Ihnen nicht zu einer positiveren Stimmung verhilft.
- Verbannen Sie alle Gegenstände, die negativ auf Sie wirken, aus Ihrem Gesichtsfeld.
- Organisieren Sie Ihren Arbeitsplatz nach dem Motto: Je öfter etwas benötigt wird, desto näher gehört es angeordnet. Alles, was Sie ständig brauchen, befindet sich in Griffweite.
- Direkt auf dem Schreibtisch liegt nur jene Arbeit, mit der Sie gerade beschäftigt sind. Alles andere lenkt Sie nur ab.
- Räumen Sie nach Gebrauch alles wieder an seinen Platz zurück. Sonst ist der Schreibtisch gleich wieder voll und außerdem ersparen Sie sich später das Suchen, wenn der Gegenstand bzw. die Unterlage an seinem angestammten Platz zu finden ist.
- Machen Sie es sich zur Gewohnheit, dass Sie am Abend vor dem Nachhausegehen den Schreibtisch aufräumen. Dadurch haben Sie das Gefühl, dass Sie mit der Arbeit fertig sind und am Morgen haben Sie sicher mehr Freude, wenn Sie einen aufgeräumten Schreibtisch vorfinden, als wenn Ihnen das Unterlagen-Chaos entgegenblickt.

2. Aus den Augen mit den unerledigten Arbeiten - aber nicht vergessen!

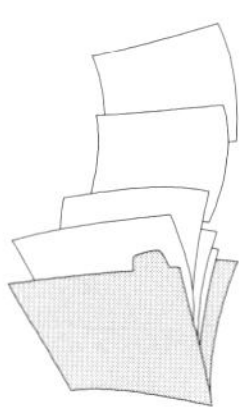

- Führen Sie ein Wiedervorlagesystem ein.
- Alle Arbeiten, die zu einem späteren Zeitpunkt erledigt werden, gehören entsprechend ihrem Erledigungstermin in die Wiedervorlage-Mappen. Sie haben dann nicht ständig die Last der unerledigten Arbeiten vor Augen und mit diesem System vergessen Sie auch nichts.

3. Die Papierflut im Griff!

- Lassen Sie es nicht zu, dass die Post, Faxe, Rundschreiben, Zeitschriften sowie sonstige Unterlagen irgendwo auf Ihrem Schreibtisch abgelegt werden.
- Organisieren Sie Ihre Papierflut mit Hilfe von drei Briefkörben (Eingangs-, Ausgangs- und Lesestoffkorb).

4. Das Aus für die Zettelwirtschaft!

- Alle Notizen wandern ebenso wie die unerledigten Arbeiten in die Wiedervorlage oder in die entsprechenden Projektmappen oder in die Stichwortablage.
- Notizen, die den Arbeitstag betreffen, gehören in den Eingangs-Briefkorb.
- Verwenden Sie ein Notizbuch (z.B. einen Spiralblock) anstelle von losen Blättern.

5. Die Organisation der Ablage - damit Sie das Gesuchte rasch wiederfinden!

- Organisieren Sie Ihre Schreibtischablage mit Hilfe einer Hängeregistratur. Das Hantieren mit den Mappen geht um ein Vielfaches schneller als mit Ordnern.
- Erstellen Sie für Ihre gesamte Ablage einen Aktenplan.
- Bei der Ablage geht es nicht darum, etwas möglichst schnell abzulegen, sondern es geht um die Fragen: *„Wonach werde ich suchen, wie finde ich die gesuchten Informationen möglichst schnell?“*

Weg mit dem ganzen Ballast!

- Misten Sie Ihre Ablage mindestens ein- bis zweimal jährlich aus. Planen Sie diese Zeit fix im Terminkalender ein.

6. Auch der PC gehört „entrümpelt“!

- Die riesigen Plattenspeicherkapazitäten auf PCs machen einen platzsparenden Umgang nicht unbedingt notwendig. Aber ebenso wie die Papierablage gehört auch die elektronische Ablage regelmäßig gewartet und von überflüssigen Dateien befreit.
- Sinnvollerweise sollten Sie Ihre elektronischen Ablageberge ebenfalls mehrmals im Jahr durchforsten und von unnötigem Ballast befreien.

7. Der Papierkorb ist der beste Freund des Büromenschen!

- Papiere mit Tageswert, nur kurzfristiger Gültigkeit bzw. ohne Bedeutung für Sie sollten gleich in den Papierkorb wandern.
- Wenn Ihnen die Entscheidung zum Wegwerfen sehr schwer fällt, dann kann eine Altpapierablage (z.B. eine Schachtel) hilfreich sein, die nicht wie der Papierkorb jeden Tag entsorgt wird. So können Sie im Notfall doch noch darauf zurückgreifen.

8. Damit Sie beim Telefonieren nichts vergessen!

- Bereiten Sie Telefongespräche sorgfältig vor. Legen Sie sich alle Unterlagen zurecht und notieren Sie alle Punkte, die Sie besprechen wollen.
- Notieren Sie während des Gesprächs alle wichtigen Daten, denn nach Ende des Telefonats ist so manche Information schon wieder vergessen.
- Verwenden Sie für Ihre Aufzeichnungen nicht irgend einen Zettel, verwenden Sie Telefonnotizen. Der Telefonnotizblock gehört zusammen mit einem Stift auf den Schreibtisch neben das Telefon.

---

❶ **Bringe ich eine Aufgabe zu Ende, bevor ich die nächste beginne?**
❷ **Werte ich den Lesestoff aus?**
❸ **Ärgere ich mich häufig unnötigerweise über eine Tätigkeit, die ich zu erledigen habe?**

Die Wiedervorlage gekonnt verwenden

Wenn Sie bereits das Wiedervorlagesystem eingeführt haben, dann erhalten Sie nun einige sehr praktische Hinweise, wie Sie damit noch besser umgehen können. Bei den Vorschlägen wird immer von Monats- und Tagesmappen ausgegangen. Sie können diese natürlich analog auch für eine andere Einteilung anwenden.

1. Umgang mit den Monatsmappen:

- Schreiben Sie sich ein Blatt, das Sie jeden Monat (ca. um den 20. d.M. herum) daran erinnert, die Monatsmappe des Folgemonats aufzuteilen.
- Wenn Sie die Monatsmappe aufteilen, dann geben Sie Arbeiten, die nicht an einem bestimmten Tag zu erledigen sind, immer in die Mappen, die einem Montag entsprechen.
  Auf diese Weise ersparen Sie sich langwieriges Suchen, wenn Sie während des Monats die entsprechenden Unterlagen benötigen und nicht mehr genau wissen, in welche Tagesmappe Sie die Papiere eingereiht haben.
  Jeweils am Montag können Sie dann entscheiden, an welchem Tag der Woche Sie die Aufgabe erledigen wollen und reihen sie dann dementsprechend in die Wiedervorlage ein.

2. Damit die Mappen nicht zu dick werden ...

- Damit die Wiedervorlage-Mappen nicht zu dick werden, geben Sie anstelle der gesamten Akten bzw. Projektunterlagen nur ein Deckblatt zur Erinnerung in die Tagesmappe.
- Überlegen Sie ganz gezielt, ob Sie das, was Sie in die Wiedervorlage-Mappen legen, dann auch wirklich bearbeiten wollen. Denn eine dicke Arbeitsmappe, von der Sie am Abend nur einen Bruchteil erledigt haben, macht Sie lediglich frustriert.

3. Das „Büro“ geht mit auf Reisen:

- Wenn Sie oft und lange unterwegs sind, dann können Sie die Reisezeiten oder Aufenthaltszeiten nutzen, um anstehende Arbeiten zu erledigen. Die Vorbereitungszeit dafür ist relativ gering. Sie nehmen einfach die entsprechenden Wiedervorlage-Mappen mit dazugehörigen Projektmappen aus dem Schreibtisch und stecken sie in den Aktenkoffer bzw. in eine tragbare Mappen-Box.

4. Die Wiedervorlage als Gedächtnisstütze:

Die Wiedervorlage erinnert mich ...

- Eine Geburtstagsliste, die Sie in die entsprechende Tagesmappe stecken, lässt Sie keinen derartigen Termin eines Kollegen, Mitarbeiters oder Kunden mehr vergessen.
- Erinnerung an Kunden, die Sie von Zeit zu Zeit kontaktieren möchten.
- Erinnerungshilfen für Tätigkeiten, die in wiederkehrenden Zeiträumen anfallen wie z.B. Berichte oder Steuererklärungen.
- Kursunterlagen, die Sie nach einem bestimmten Zeitraum wieder durchgehen möchten (z.B. nach 30 Tagen).

Mappen contra Pultordner

Pultordner (in Firmen häufig als Unterschriftenmappen in Verwendung) mit 31 Unterteilungen bzw. 12 Monatseinteilungen können auch in ein Wiedervorlagesystem umfunktioniert werden.

Pultordner:	Mappen:
♦ Sind sehr günstig und platzsparend. ♦ Können relativ dick werden. ♦ Man hat ständig den Berg von Arbeit vor sich. ♦ Inhalt kann beim Umblättern und suchen leicht herausfallen. ♦ Es besteht die Gefahr, etwas zu übersehen. Wenn man z.B. am 15. nicht im Büro war und am 16. vergisst, den Tag 15 im Pultordner ebenfalls zu bearbeiten.	♦ Durch das rotierende System wird nichts vergessen. ♦ Sind einfach handhabbar. ♦ Überblick ist gewährleistet. ♦ Arbeit ist aus den Augen (nicht mehr in Blickweite). ♦ Ev. sind bauliche Maßnahmen im Schreibtisch notwendig. ♦ Suchen in vielen Mappen kann ein Nachteil sein.

Auch für die private Zettelwirtschaft ist die Wiedervorlage bestens geeignet

Nicht nur Ihre Schreibtischarbeit in der Firma lässt sich mit dem Wiedervorlagesystem ausgezeichnet in den Griff bekommen, auch Ihr Heimbüro kann auf diese Art und Weise organisiert werden. In diesem Fall genügen wohl 12 Monatsmappen und max. 5 Wochenmappen für den laufenden Monat, denn wer arbeitet schon jeden Tag in seinem Heimbüro. Tagesmappen wären hier wohl zu viel des Guten ⇨ Organisation darf nicht zum Selbstzweck werden.

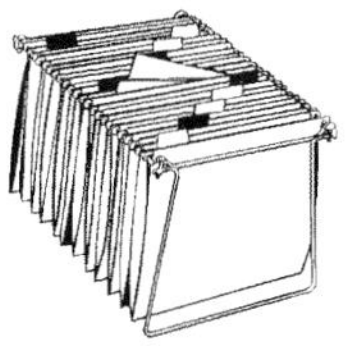

Sie brauchen sich dazu keinen Schreibtisch mit Hängeregistratur anschaffen. Es gibt auch **Hängemappen-Boxen** oder **Hängemappen-Ständer**, die Sie in Regalen oder auf dem Tisch platzieren können.

Was wandert in die Wiedervorlage einer auch in privaten Belangen bestens organisierten Person? Hier einige Anhaltspunkte:
Die fälligen Rechnungen; Zahlungen, die zu bestimmten Terminen zu leisten sind; Verträge, die zu kündigen sind; Arbeiten, die in der Wohnung/im Haus notwendig sind; Erinnerungen an wiederkehrende Tätigkeiten wie z.B. Überprüfung und Wartung von Geräten; Geburtstagslisten; Termine wie Arztbesuche, Abgabe von Steuererklärungen; u.a.m.

✔ Tipp

Jede Notiz kommt auf ein neues Blatt

Schreiben Sie jede neue Idee, jede Aktivität auf ein eigenes Blatt, dann können Sie damit in der Wiedervorlage beliebig „herumjonglieren" und wiederkehrende Tätigkeiten müssen nicht jedes Mal erneut notiert werden.

❶ Notiere ich meine Ideen und Einfälle sofort, damit ich diese nicht wieder vergesse?
❷ Wird der Ablageplan ständig gewartet?
❸ Was unterlasse ich/auf was verzichte ich/was ist unnötig?

NEIN zum „Alles-selber-Tun“

Zeitfalle: Nicht ausreichende Delegation!

Mangelnde Delegation ist hinderlich für Ihr berufliches Weiterkommen.

- ❒ Arbeiten Sie wesentlich länger als Ihre Mitarbeiter oder Kollegen?
- ❒ Haben Sie wenig Zeit für die wirklich wichtigen Aufgaben?
- ❒ Widmen Sie Ihren eigentlichen Aufgaben zu wenig Raum (z.B. Führungstätigkeit)?
- ❒ Kümmern Sie sich nicht ausreichend um jene Tätigkeiten bzw. Bereiche, an denen Ihr Erfolg gemessen wird?
- ❒ Tun Sie vieles selber, was auch andere machen könnten?
- ❒ Können Sie Ihre Aufgabenfülle kaum noch bewältigen?
- ❒ Brauchen Sie Freiraum für neue Projekte?

Dann ist es an der Zeit, Aufgaben abzugeben. Dazu gibt es drei Möglichkeiten:

Aufgaben abgeben

BITTEN – ANSCHAFFEN – DELEGIEREN

C=Chef
A=Mitarbeiter
B=Mitarbeiter

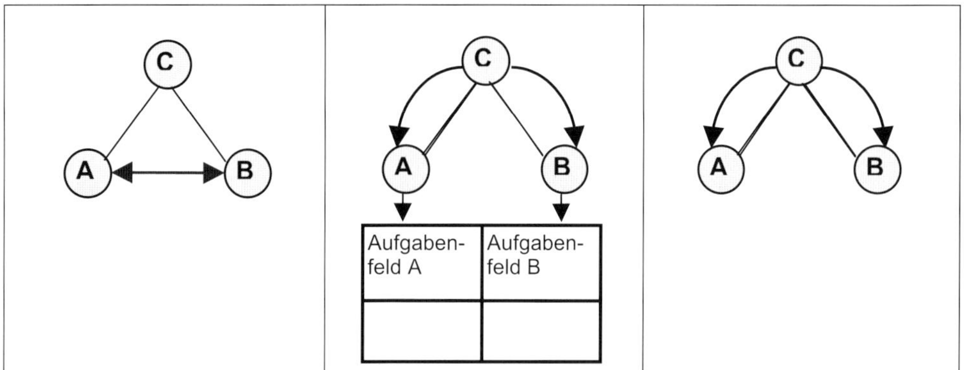

BITTEN	ANSCHAFFEN	DELEGIEREN
♦ Auf der gleichen Hierarchiestufe (wie z.B. zwischen Kollegen oder Abteilungen) hilft das Zauberwort BITTE. ♦ Anschaffen und Delegation ist hier nicht möglich.	♦ Aufgaben, die in den Zuständigkeitsbereich des Mitarbeiters fallen (= sein Aufgabenfeld) können schlicht und einfach angeschafft werden. ♦ Auch hier gilt: Der Ton macht die Musik. Mitarbeiter sind viel bereitwilliger, wenn der Umgangston freundlich ist.	♦ Delegation ist dort notwendig, wo es sich um die Zuständigkeit des Chefs handelt. ♦ Delegation heißt, dem Mitarbeiter eine Aufgabe zur Erledigung übertragen. ♦ Da kein Mitarbeiter freiwillig zusätzliche Aufgaben übernimmt, muss er dafür eine Gegenleistung bekommen (z.B. Anerkennung, mehr Geld, Weiterqualifizierungsmöglichkeiten usw.). ♦ Wie kann ich den Mitarbeiter motivieren?

Richtig delegieren - wie geht das?

Delegieren ist, wie wenn Sie einem Kind das Schwimmen lehren. Sie können es auch nicht einfach in das kalte Wasser werfen.

1.	Bereiten Sie sich auf das Delegationsgespräch gut vor. ♦ Wie könnten Sie den Mitarbeiter motivieren? ♦ Welche Gegenforderungen sind zu erwarten? ♦ Welche Zusatzqualifikationen wird der Mitarbeiter noch brauchen?
2.	Nehmen Sie sich ausreichend Zeit für das Gespräch und sorgen Sie dafür, dass Sie nicht gestört werden. ♦ Erklären Sie genau, was der Mitarbeiter zu tun hat und was als Ergebnis herauskommen soll bzw. zeigen Sie es ihm vor. ♦ Bitten Sie um die Übernahme der Aufgabe.
3.	Begleiten und unterstützen Sie den Mitarbeiter bei seiner neuen Aufgabe.
4.	Ziehen Sie sich allmählich und schrittweise zurück, wenn Sie merken, dass der Mitarbeiter immer sicherer wird.
5.	Delegieren braucht auch Kontrolle, weil a) Sie ja der letztendlich Verantwortliche sind b) Sie damit Interesse signalisieren: ♦ Kontrolle heißt nicht, dass Sie den Mitarbeiter kontrollieren, sondern das Ergebnis. ♦ Vereinbaren Sie Zwischenkontrollen, damit kein Misstrauen entsteht. ♦ Kontrollen sind am Anfang häufiger notwendig, dann immer weniger.
6.	Wenn Sie sicher sind, dass der Mitarbeiter die Arbeit in Ihrem Sinne erfolgreich ausführen kann, dann genügen in Hinkunft Zwischen- und Erledigungsberichte.

„Erwischen Sie die Mitarbeiter bei ihren guten Taten."

Häufig gemachte Fehler beim Delegieren

Bevor Sie durch Delegieren Zeit gewinnen, müssen Sie zuerst Zeit investieren!

1.	**Delegieren unter Zeitdruck** ➪ Delegieren Sie niemals, wenn Sie stark unter Zeitdruck stehen, das kann dann sehr leicht schief gehen. ➪ Delegieren braucht am Anfang mehr Zeit, als wenn Sie es selber machen würden. Diese Anfangshürde müssen Sie in Kauf nehmen. ➪ Bereiten Sie eine Delegation frühzeitig vor.
2.	**Delegieren ohne ausreichende Erläuterungen** ➪ *„Machen Sie das mal!"* ist keine ausreichende Form der Delegation. ➪ Der Mitarbeiter muss genau wissen, was er zu tun hat, was als Ergebnis herauskommen soll, woran der Erfolg gemessen wird.
3.	**Erwarten eines „perfekten" Ergebnisses** ➪ Akzeptieren Sie Anfangsfehler. Reißen Sie die Arbeit nicht wieder gleich an sich, wenn sich nicht sofort der gewünschte Erfolg einstellt, weil Sie es eben besser können. Denn wirkliches Lernen erfolgt nur durch tun - und wie sollte es dann der Mitarbeiter jemals richtig lernen? ➪ Geben Sie dem Mitarbeiter Zeit, sich in die neue Tätigkeit einzufinden.
4.	**Rückdelegation** ➪ Lassen Sie keine Rückdelegation zu. Der Mitarbeiter soll bei auftretenden Schwierigkeiten Lösungsvorschläge anbieten. Unterstützen Sie ihn so weit wie notwendig, aber machen Sie das Problem nicht wieder zu Ihrem.

❶ Was tue ich, wenn ich so richtig gestresst und angespannt bin, um mich zu beruhigen?
❷ Nutze ich störarme Zeiten und mein Leistungshoch für wichtige Aufgaben?
❸ Berücksichtige ich bei der Planung meine längerfristigen Ziele (Teilziele anstreben)?

Den Informations-Austausch koordinieren

Jour fixe-Termine für den effektiven Informations-Austausch

Der für die Arbeit notwendige Austausch von Informationen in Abteilungen, in Teams, zwischen Chef und Mitarbeitern bringt es mit sich, dass sich die Kollegen untereinander mehr oder minder häufig stören zwecks Weitergabe von Informationen, Rücksprache, Klärung von Fragen, Auskunft usw.

Damit wir uns gegenseitig nicht so oft stören ...

Eine Möglichkeit, diese Unterbrechungen auf ein Mindestmaß zu reduzieren, ist ein **Jour fixe.**

Jour fixe - worum geht`s dabei?

Jour fixe ist:	♦ eine täglich bzw. wöchentlich wiederkehrende Besprechung zwischen Chef und engsten Mitarbeitern
Wie oft:	♦ einmal wöchentlich max. 1½ Stunden oder ♦ täglich ca. ¼ Stunde - falls dies erforderlich ist
Inhalt:	♦ Was ist in der abgelaufenen Woche/am abgelaufenen Tag vorgefallen? ♦ Was ist geplant für die nächste Woche/den nächsten Tag? ♦ Gibt es offene Fragen? ♦ Sind irgendwelche Punkte zu klären?
Ablauf:	1. Reihumbericht der Mitarbeiter Die Mitarbeiter sollten beginnen, denn wenn der Chef anfängt, kommen die Mitarbeiter in der geplanten Zeit oft nicht zu Wort. a) Was war ... b) Was ist geplant ... 2. Bericht des Chefs Wichtig: Pünktlich beginnen und pünktlich aufhören.
Protokoll:	♦ Ist nicht unbedingt erforderlich, es sei denn, die Teilnehmer sind nur sehr unregelmäßig anwesend. ♦ Jeder Teilnehmer notiert für sich selbst das Notwendige.
Jour fixe-Mappe:	Jeder bereitet sich auf den Jour fixe vor, indem er ♦ in einer Mappe (z.B. Jour fixe-Mappe in der Hängeregistratur) alle Schriftstücke sammelt, die besprochen werden; ♦ auf einer Liste alle Punkte und offenen Fragen aufschreibt, die er in der Besprechung vorbringen will; ♦ kurz notiert, welche Aktivitäten für die kommende Woche geplant sind sowie die wichtigsten Vorkommnisse der letzten Woche (gilt für einen wöchentlichen Jour fixe).

Welche Vorteile bietet ein Jour fixe:

Jour fixe-Termine reduzieren die Störungen innerhalb eines Teams bzw. einer Abteilung.

1. **Die Unterbrechungen untereinander werden um ein Vielfaches reduziert.**
   - Anstelle einer Vielzahl von kurzen Einzelunterbrechungen, die sich oft sehr lange hinziehen können, gibt es einen fixen Termin im Tages-/Wochenplan, auf den jeder vorbereitet ist.
2. **Die Zeit für den Informationsaustausch wird minimiert.**
   - Die Informationsweitergabe erfolgt en bloc.
   - Chef und alle Kollegen werden gleichzeitig informiert.
3. **Jeder erhält dieselben Informationen.**
4. **Die Mitarbeiter, Kollegen wissen, was in der Abteilung, im Team läuft.**
   - Automatische Schulung, die Kollegen lernen mit.
   - Kollegen können leichter einspringen, Aufgaben übernehmen, eine Arbeit weiterführen, wenn ein Mitarbeiter ausfällt.
   - Nachfolge ist einfacher regelbar.
   - Mitarbeiter sind stets bestens informiert.
   - Jeder weiß in etwa, was der andere tut.
   - Gegenseitige Anerkennung und Motivation.
   - Es erfolgt eine automatische Planung der nächsten Woche, da jeder bekannt gibt, was geplant ist.

Worauf ist noch zu achten?

Die Regelmäßigkeit bringt den Erfolg.

1. **Jour fixe-Termine regelmäßig durchführen:**
   Jour fixe-Besprechungen werden aus Erfahrung mit großem Elan eingeführt, verlaufen aber dann mit der Zeit wieder im Sande. Achten Sie darauf, dass dies nicht geschieht. Nur die Regelmäßigkeit bringt den großen Vorteil.

Ein Jour fixe-Termin ist ebenso wichtig wie ein Kundentermin.

2. **Jour fixe-Termine ebenso wichtig nehmen wie eine Kundenbesprechung:**
   Ein Jour fixe sollte den gleichen Stellenwert haben wie ein Kundentermin - also Absagen nur mit entsprechender Begründung. Mitarbeiter spüren innerlich den Wert, den Sie als Vorgesetzter/Leiter dem Jour fixe beimessen und engagieren sich dementsprechend mehr oder weniger.
3. **Information der Nicht-Anwesenden:**
   Legen Sie fest, wer nicht anwesende Kollegen informiert.
4. **Angesprochene Themen:**
   Alle angesprochenen Themen werden einem „Besitzer" zugeordnet, der sich um die Angelegenheit kümmert und einen Vorschlag unterbreitet.
5. **Nächste(n) Termin(e)** am Ende des Jour fixe festlegen oder einen wöchentlich bzw. täglichen Fixtermin festlegen.

---

❶ Bei welcher Gelegenheit haben mich andere bei meinem „Nicht-NEIN-Sage-Knopf" erwischt?
❷ Welche Aufgaben betrachte ich als meine, obwohl sie nicht zu meinem Aufgabenfeld gehören?
❸ Habe ich meine Zettelwirtschaft im Griff?

Besprechungen kurz und bündig

Besprechungen nehmen häufig sehr viel wertvolle Zeit in Anspruch.

Besprechungen, Meetings, Sitzungen sind ein notwendiges Mittel zum Informationsaustausch, zur Meinungsbildung, zur Ideen- und Entscheidungsfindung. Sie sind jedoch auch eine große **Zeitfalle**. Besprechungen dauern oft länger als geplant und es kommt nicht selten wenig dabei heraus. In größeren Organisationen verwenden Führungskräfte dafür **rund 30 - 50%** (Spitzenreiter bis zu 80%) **ihrer Arbeitszeit**.

NEIN zur „Besprechungsinflation"

Ich muss nicht überall dabei sein.

Entscheiden Sie anhand folgender Fragen:

- Muss ich an der Besprechung unbedingt teilnehmen? Kann ich nicht auch einen Vertreter entsenden? Reicht es, wenn ich nachher „nur" das Sitzungsprotokoll lese?
- Ist es notwendig, bei allen Tagesordnungspunkten anwesend zu sein?
- Kann ich einem anderen Sitzungsteilnehmer meine Anliegen anvertrauen?
- Gibt es eine Alternative zu einer Besprechung (z.B. ein Telefonat)?

NEIN zum endlosen „Besprechungs-Bla-Bla"

Inhalt und Ziel?

Worum geht es?

- Legen Sie spätestens zu Beginn Inhalt und Ziele fest, falls dies noch nicht in der schriftlichen oder mündlichen Einladung geschehen ist.
- Worum geht es hier und heute?
- Was soll am Ende der Sitzung geklärt sein?

Was soll herauskommen?

- Was soll dabei herauskommen?
- Halten Sie sich an die vorgegebenen Punkte und schweifen Sie nicht vom Thema ab. Reißen Sie keine neuen Themen an.

Die Zeit ist kostbar!

- Geben Sie bekannt, wieviel Zeit für die einzelnen Besprechungspunkte vorgesehen ist. Behalten Sie immer den Zeitplan im Auge.
- Hören Sie pünktlich auf.

Kosten der Sitzung bekanntgeben.

- Geben Sie zu Beginn bekannt, wie hoch die Sitzungskosten pro Minute sind (= Summe der Minutengehaltskosten der Teilnehmer) bzw. wieviel die Sitzung pro Stunde kosten wird.

So geht es auch - ein Beispiel von *Emil Oesch*:
Einem Ministerialdirektor in einem Wiener Ministerium wurde die Sitzungsplage „zu bunt". Er beauftragte einen weiteren Beamten, an den Sitzungen teilzunehmen und nichts anderes zu tun, als die Gehälter der Teilnehmer mit der bereits verstrichenen Sitzungszeit zu multiplizieren. Überschritten die Kosten der Konferenz einen bestimmten Betrag, hatte dieser „Zeitüberwachungs-Beamte" das Recht, folgende Ankündigung zu machen: *„Meine Damen und Herren, die Sitzung hat bisher xxx gekostet. Sollte innerhalb von zehn Minuten kein Ergebnis erzielt werden, muss sie abgebrochen werden!"*
Dieser Appell an das schlechte Gewissen der Teilnehmer verfehlte seine Wirkung nicht. Die Einrichtung rechnete sich trotz der zusätzlichen Kosten durch den besagten Beamten.

Maßnahmen schriftlich festhalten und die Umsetzung überwachen.

Keine Sitzung ohne Aktivitätenplan!

- Halten Sie in einem Aktivitätenplan die Beschlüsse und Maßnahmen fest, damit diese auch wirklich umgesetzt werden (Visualisierung auf einem Flipchart).
- Überwachen Sie die Erledigung der Aktivitäten, sonst verläuft vieles wieder im Sande.

WAS	WER	AB WANN/ BIS WANN	OK
1.			
2.			
3.			

Das Protokoll - je schneller desto besser.

Das Protokoll lieber heute als morgen!

Protokolle, die erst drei Wochen später verteilt werden, haben eigentlich nur mehr „Ablage-Charakter", denn kaum einer wird sie dann noch lesen.

- Fertigen Sie das Protokoll gleich nach der Sitzung bzw. an einem der folgenden Tage an. Die Informationen sind noch am frischesten und Sie selbst sind noch entsprechend motiviert.
- Ein Protokoll braucht keinen „Schönheitspreis" zu gewinnen. Das kostet nur wertvolle Zeit. Wichtiger ist, dass es die wesentlichen Besprechungspunkte und Ergebnisse enthält.
- Ein Kurzprotokoll können Sie bereits während der Sitzung erstellen und am Ende als Kopie an alle Teilnehmer verteilen. (Stichpunkte in Anlehnung an *Time/system*):

Datum/Ort/Uhrzeit:	Teilnehmer:
Thema:	Zielsetzung:
Besprechungspunkte:	Beschlüsse/Ergebnisse/Maßnahmen:
Sofort zu veranlassen:	

✔ Tipp

Wenn Gespräche festgefahren sind

- Stehen Sie auf, gehen Sie mit dem Gesprächspartner herum. Dadurch kommt Bewegung in die Angelegenheit.
  Nicht von ungefähr machen Staatsoberhäupter bei ihren „Gipfeltreffen" immer wieder gemeinsame Spaziergänge.
- Ändern Sie die Sitzpositionen. Manchmal genügt es, den Blickwinkel zu ändern, um eine andere Sichtweise zu bekommen.

❶ Welchen Aufgaben widme ich nicht ausreichend Zeit?
❷ Kann ich gut mit dem Wiedervorlagesystem umgehen?
❸ Verschaffe ich mir regelmäßig einen schriftlichen Überblick über meine Arbeit?

Den „Papierkram“ rationell erledigen

Möglichst **jedes Schriftstück vollständig erledigen**, damit es später nicht nochmals zur Hand genommen werden muss.

Sie müssen nicht den gesamten Postberg selbst bearbeiten.

1. Bearbeiten Sie keine „Routinepost“ (= Post, für die es ein Standard-Bearbeitungs-Verfahren gibt).
2. Lassen Sie die Post vorsortieren in Ordnermappen (= Mappen mit mehreren Unterteilungen), jeweils ein Vorgang pro Fach, wobei gleich die entsprechenden Unterlagen hinzugefügt werden.
3. Unwichtiges wandert gleich in den Papierkorb.
4. Kein Schriftstück verlässt ohne Bearbeitung den Schreibtisch!
5. Markieren Sie wichtige Textstellen, indem Sie diese unterstreichen, mit einem Leuchtstift hervorheben oder Zeichen wie **!?** hinzufügen.
6. Fügen Sie Bearbeitungsvermerke für Ihre Mitarbeiter an.

   1. Kopie an Frau Müller
   2. Ablage unter PAT

7. Leiten Sie die Post zur Erledigung an andere Stellen weiter.

   ➪ MiLi: Bitte erledigen - AH (= Kurzkennzeichen)
   oder
   ➪ Hr. Müller: Bitte Rücksprache - A. Höglinger

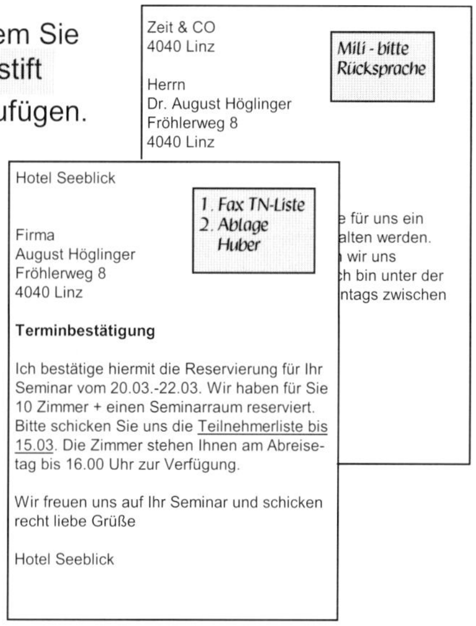

Die eingehende Post hat Zeit

Unterbrechungen vermindern die Arbeitseffizienz - und das gilt auch für die Post.

Unterbrechungen schmälern Ihre Arbeitseffizienz. Sie werden aus Ihrer Tätigkeit herausgerissen und benötigen dann erneut einige **Anlaufzeit** (= Rüstzeit), um Ihre Arbeit an der unterbrochenen Stelle erneut aufzunehmen. Sie müssen sich gedanklich wieder darauf einstellen, Unterlagen und Hilfsmittel erneut ordnen und verfügbar machen.

Viele Menschen „stürzen“ sich sofort auf die **Post**, wenn diese auf dem Schreibtisch landet. Das hängt mit der **Neugier** zusammen oder wird als **willkommene Unterbrechung** einer vielleicht nicht so angenehmen Tätigkeit gesehen.

Auch von **E-Mails** sollten Sie sich nicht ablenken lassen. Überlegen Sie, ob es nicht genügt, diese zwei- bis dreimal am Tag zu lesen und zu bearbeiten. Dasselbe gilt natürlich auch für **Fax-Nachrichten**.

Beispiel:

1. Herr Berger hat sich für den Vormittag vorgenommen, den Bericht für ein Projekt zu schreiben, der am darauffolgenden Tag der Geschäftsleitung vorzulegen ist. Das Erstellen von Berichten zählt nicht gerade zu seinen liebsten Tätigkeiten, daher hat Herr Berger diese Arbeit immer wieder hinausgeschoben.

2. Er beginnt also schon etwas unter Zeitdruck um 8.00 Uhr am Morgen mit seinem Bericht, da der Nachmittag mit Besprechungsterminen verplant ist. Die Arbeit geht nur mühsam voran.

3. Um 8.45 Uhr wird ihm die Post auf den Schreibtisch gelegt. Herr Berger sieht sofort die Post durch, denn es könnte ja etwas Dringendes dabei sein *(eigentlich ist er recht froh über die Ablenkung)*. Er findet ein Angebot vor, auf das er schon so lange gewartet hat, und das muss er sofort mit seinem Kollegen besprechen. Weiterhin verfasst er gleich ein Antwortschreiben auf eine dringende Anfrage. Danach blättert er die Zeitschriften durch und bleibt dabei hängen, weil er zwei interessante Artikel gefunden hat, die er sogleich kopiert und mit einer Kollegin bespricht. Dann sind da auch noch einige Telefonate zu erledigen - und die Zeit verrinnt und verrinnt. Herr Berger ist so mit der Postbearbeitung beschäftigt, dass er den ganzen Vormittag damit zubringt *(was er viel lieber tut, als den so lästigen Bericht zu schreiben)*.

4. Zu Mittag stellt Herr Berger mit Schrecken fest, dass er von dem Bericht erst ein paar handschriftliche Notizen hat.

5. Nachdem der Nachmittag von Herrn Berger mit Besprechungen verplant ist, bleibt ihm also nichts anderes übrig, als den nun äußerst dringend gewordenen Bericht unter erheblichem Zeitdruck nach Dienstschluss zu verfassen.

6. Und als Herr Berger um 21.00 Uhr endlich das Büro verlässt, ist er fix und fertig. Zu Hause stellt er fest, dass er wieder einmal wie so oft einen total stressigen Arbeitstag gehabt hat.

Die Eingangspost bleibt so lange liegen, bis die wichtigere Aufgabe erledigt ist.

Das müsste jedoch nicht sein, denn die Post hätte warten können, bis Herr Berger die viel wichtigere - wenn auch für ihn unangenehmere - Aufgabe, also den Bericht an die Geschäftsleitung, fertiggestellt gehabt hätte.

Selbstdisziplin ist notwendig!

Lassen Sie die Post zu Übungszwecken eine Woche lang jeden Tag mindestens eine halbe Stunde liegen, ohne sich darum zu kümmern, außer wenn es aus irgendwelchen Gründen notwendig ist. Dadurch lernen Sie Schritt für Schritt, sich nicht sofort von einer wichtigen Arbeit ablenken zu lassen. Sie gewöhnen sich ein gewisses Maß an Selbstdisziplin an.

➊ Versuche ich, Unvorhersehbares vorhersehbar zu machen?
➋ Delegiere ich rechtzeitig, bevor ich unter Zeitdruck gerate?
➌ Vermeide ich, nicht unbedingt notwendige Verpflichtungen einzugehen, insbesondere jene mit Folge- bzw. Langzeitwirkung?

Zeit sparen beim Beantworten von Briefen

Möglichkeiten zur zeitsparenden Brief-Erstellung

Ein kurzes Telefonat statt eines Briefes.

1. Ein **Telefonat** anstelle eines Briefes.
   Ein Telefonat ersetzt so manchen Brief und erspart Ihnen viel Zeit, die Sie sonst vielleicht für das Formulieren von umfangreichen Erklärungen aufwenden müssten.

2. Eine **Brief- oder Fax-Kopie** mit einer kurzen handschriftlichen Notiz tut`s auch.

Franz Huber
5020 Salzburg

FAX

An
Dr. August Höglinger

Lieber August,
bist du einverstanden, wenn wir uns am Montag um 15.00 Uhr bei mir im Büro treffen?

Herzliche Grüße
Franz

Lieber Franz,
geht in Ordnung. Ich bin am Montag um 15.00 Uhr bei dir.
August

Spielt die optische Wirkung eine untergeordnete Rolle, lassen sich Schreiben auf diese Art und Weise schnellstens beantworten - insbesondere im internen Schriftverkehr zwischen Abteilungen und Filialen.

3. Ein **Kurz-Brief** ist ein Standard-Briefformular, in dem man die Nachricht für den Empfänger nur ankreuzt oder in ein, zwei handschriftlichen Sätzen formuliert ➪ eine sehr zeitsparende Angelegenheit.

Kurz & Bündig, Kurzweg 16, 4020 Linz

Linz, am *01.01.*

An
Rationell & Co
4040 Linz

- ❐ Zur Information
- ❐ Zum Verbleib
- ❐ Zur Bearbeitung
- ❐ Zur Weiterleitung an ______________
- ❐ Mit der Bitte um Retournierung
- ☒ Gemäß Telefonat vom *31.12.*

Raum für Bemerkungen:

Bitte um Ihre Meinung dazu.

Herzliche Grüße
Kurz & Bündig

4. Ein **Fax** anstelle einer Briefsendung erspart Ihnen das Kuvertieren, Frankieren und den Gang zur Post und hat natürlich den großen Vorteil, den Empfänger unmittelbar zu erreichen.

Ein handschriftliches Fax ist rasch erstellt.

Fax-Nachrichten sind oftmals mit der Hand schneller geschrieben als mit dem Computer. Benützen Sie dazu ein Fax-Formular.

Mailen spart Zeit und Geld.

5. Nutzen Sie die zeitsparenden Bearbeitungsvorteile der elektronischen Post: **E-Mails** sind raschest erstellt, der Gestaltungsaufwand ist gering, Sie reduzieren Ihre Papierberge, der Empfänger kann das Dokument gleich am PC weiterbearbeiten, das Schreiben läßt sich in einem Arbeitsgang an mehrere Adressaten senden u.v.m.

Wozu zeitaufwendiges Formulieren und Gestalten?

Häufig wird viel Zeit für die Formulierung und Gestaltung der Korrespondenz aufgewendet. Die Korrespondenz ist sicherlich eine Visitenkarte der Firma, die maßvoll eingesetzt gehört. Einige Anregungen dazu:

- Setzen Sie dort hohe Qualitätsmaßstäbe, wo Qualität etwas bringt! Die Zeit, die Sie in einen Werbebrief stecken, ist sicher sinnvoll investiert. Was nützt es Ihnen jedoch, wenn Sie einen perfekt gestalteten und mustergültig formulierten Brief an das Finanzamt oder den Steuerberater schicken?
- Drücken Sie sich einfach, klar, kurz und präzise aus. Vermeiden Sie langatmige, umständliche und unnötige Formulierungen („Beamtendeutsch"). Der Empfänger des Schreibens wird es Ihnen danken und Sie haben einen aufmerksameren Leser.
  z.B.: „zur Durchführung gelangen" ➪ „durchführen"
  „Die Lagerung des Falls ist eine verwickelte." ➪ „Der Fall ist kompliziert."
- Nutzen Sie die Möglichkeiten der Textverarbeitungsprogramme, um Ihre Korrespondenz rationell zu gestalten (Textbausteine, Dokumentenvorlagen, Serienbriefe usw.).
- Internet ist ein schnelles Medium. Daher wird auch bei E-Mails erwartet, dass Sie sich möglichst kurz und prägnant ausdrücken. Beschränken Sie sich auf das Wesentliche. Im Vordergrund steht die Sachinformation, es geht dabei nicht um die „schöne" äußere Form wie etwa bei einem „herkömmlichen" Geschäftsbrief.

✔ Tipp

Der etwas persönlichere Standardbrief

Ein handschriftlich verfasster Brief wirkt am persönlichsten.

Mit **handgeschriebenen Briefen** erzielen Sie die höchste Aufmerksamkeit. In der Papierflut, die wir täglich erhalten, fällt ein noch so perfekt gestalteter elektronischer Brief nie so auf, wie ein handgeschriebener. Wir assoziieren damit automatisch „persönlich und wichtig". Aber wer hat schon die Zeit dazu, daher:

Fügen Sie Anrede und/oder Gruß handschriftlich ein und der maschinell erstellte Brief wirkt sofort ein Stück persönlicher.

❶ Sind meine Aufzeichnungen, Notizen, Ideen nach Stichworten geordnet?
❷ Welche Arbeiten bringen mir den meisten Erfolg, und gebe ich diesen ausreichend Zeit und Raum oder schlage ich mich mit viel zu viel Kleinkram herum?
❸ Was hilft mir, mich in eine positivere Arbeitsstimmung zu versetzen?

NEIN zur Ziellosigkeit

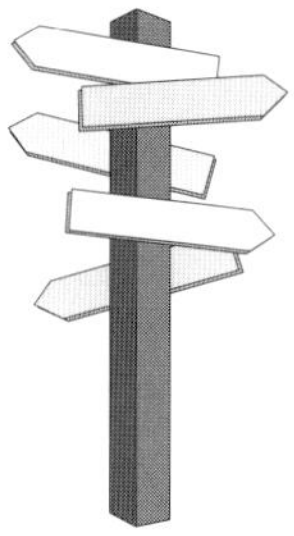

„Könntest Du mir bitte sagen, welchen Weg ich einschlagen soll?" fragte Alice. „Das hängt wohl hauptsächlich davon ab, wo Du eigentlich hin willst" antwortete die Katze.

(Alice im Wunderland)

Erfolgreiche Menschen kennen ihre Ziele.

Erfolgreiche Menschen kennen ihre Ziele im Vorhinein. Sie haben eine klare Vorstellung, ein klares Bild davon, was sie wollen und wohin sie wollen und berücksichtigen dies konsequent in ihren Entscheidungen und Handlungen. Menschen ohne Ziele gelangen natürlich auch wohin. Es stellt sich nur die Frage, ob sie dorthin wollten.

Ziele machen es leichter, NEIN zu sagen

- Durch das „bewusste" Setzen und Verfolgen von Zielen konzentrieren wir unsere Kräfte auf das Wesentliche und vergeuden nicht unsere Zeit mit Dingen, die eigentlich unwichtig sind.

- Mit einem klaren Ziel im Hinterkopf fällt uns die richtige Entscheidung um einiges leichter. Es geht nämlich dann um die Fragen: *„Was bringt mir am meisten Nutzen auf dem Weg zum Ziel? Was bringt mich am nächsten zum Ziel?"* Damit haben wir einen Orientierungspunkt, der uns erlaubt, die für uns beste Entscheidung in bezug auf eine bestimmte Situation zu treffen.

  Dazu sei noch erwähnt: Es gibt nicht wirklich *die* richtige Entscheidung. Jede Entscheidung hat ihre Konsequenzen und ihren Preis.

NEIN zum Herumirren - JA zum Ziel.

- Wenn wir wissen, wohin wir wollen, können wir konsequenter zu allem NEIN sagen, was uns nicht diesem Ziel näher bringt.

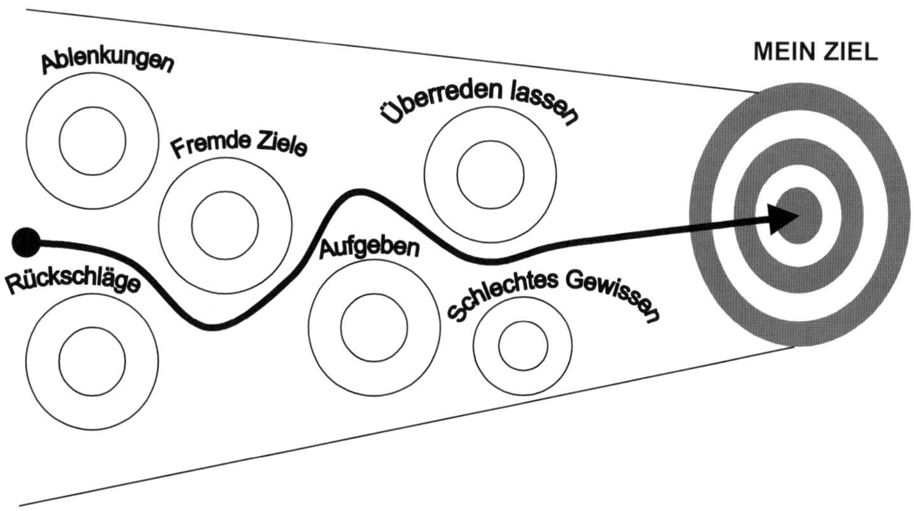

Wünsche und Ziele

Nach *Ayn Rand* gibt es zwei wesentliche Sünden:

1. Zu wünschen, ohne zu handeln
2. Zu handeln ohne Ziel.

Wünschen kann man sich vieles - Ziele haben einen Preis!

- Zwischen Wunsch und Ziel besteht ein wesentlicher Unterschied, es ist der **Preis**.
- Wünschen kann man sich vieles! Wünsche sind aber nur der Ausgangspunkt. *„Ich wünsche mir so sehr ..., ABER tun will ich dafür nichts!"* ➪ Ein frommer Wunsch!
- Ziele aktivieren uns zum Handeln. Ziele haben jedoch immer einen mehr oder minder hohen Preis.
- **Bin ich bereit, den Preis zu bezahlen,** d.h. Energie und Zeit dafür zu investieren, auf Annehmlichkeiten zu verzichten, mich in Bewegung zu setzen?

Wohin will ich im Leben?

Zwei Punkte sind wesentlich auf unserem Lebensweg:

Die Richtung ist die Orientierung.

1. **Die Richtung**
   Welche Richtung will ich im Leben einschlagen, welche Ziele will ich im Leben anstreben?
   Wenn es um das nächste Auto geht, machen wir uns viele Gedanken, wir wenden sehr viel Zeit dafür auf. Wenn es um das Gelingen unseres Lebens geht, machen wir uns hingegen oft kaum einen Gedanken.

Der nächste Schritt ist momentan am wichtigsten.

2. **Der nächste Schritt**
   Mit dem Ziel vor Augen den nächsten Schritt planen, z.B. den nächsten Arbeitstag planen.

Lebensziele finden:

Unsere wirklichen Ziele zu finden, also das, was uns innerlich befriedigt (unsere wahre Bestimmung), ist gar nicht so einfach. Zu sehr sind wir von Normen, gesellschaftlichen Wertvorstellungen, vom Zeitgeist beeinflusst. Achten Sie deshalb sorgfältig auf Ihre innere Stimme. Zwei Tipps dazu:

1. **Schreiben Sie sich einen Brief aus der Zukunft:**
   Stellen Sie sich vor, Sie sind jetzt 75 Jahre und schreiben über Ihr Leben.

2. **Schreiben Sie Ihre eigene Grabrede oder eine Laudatio:**
   Was würden Sie gerne über sich selbst hören?
   Was sollen andere über Ihr Leben sagen (über Ihren Beruf, Ihre Familie, Ihre Persönlichkeit)?

➊ **Bearbeite ich jedes Schriftstück fertig bzw. versehe es mit einem Erledigungsvermerk oder nehme ich es mehrfach zur Hand?**
➋ **Nehme ich mir Zeit, um mich vom angesammelten Ballast zu befreien?**
➌ **Habe ich Zeit für das Ausmisten vorgesehen?**

Der Plan für das nächste Jahr

Innehalten zum Rückblicken und Vorschauen.

Nehmen Sie sich einmal im Jahr einige Stunden Zeit, um **Rückblick** auf die vergangenen 365 Tage sowie **Ausblick** auf das kommende Jahr zu halten. Dies kann zu **Jahreswechsel**, an Ihrem **Geburtstag** oder einem sonstigen für Sie markanten Datum geschehen, z.B. zu Semesterschluss/-beginn, während des Jahresurlaubs.

Mein Jahresrückblick:

- Was ist gut gelaufen, was weniger gut?
- Meine größten Erfolge (beruflich und privat)?
- Meine größten Misserfolge?
- Vergleichen Sie Ihren letzten Jahresplan (falls vorhanden) mit dem Erreichten?

Der Jahresplan:

Was lasse ich los?

1.	**Was gebe ich auf - zu wem oder was sage ich in Zukunft NEIN?**
	♦ Wir müssen auch immer wieder etwas lassen, etwas loslassen, damit Neues in unserem Leben Platz hat. Dies kann ein sehr schmerzhafter Prozess sein, denn wir lassen damit ein Stück unserer Lebensgeschichte zurück. Ein Bild dazu: Auch in unserem Kleiderschrank müssen wir uns von Zeit zu Zeit von Stücken trennen - manche passen nicht mehr, manche haben ausgedient. Nur so können wir Raum für neue Sachen schaffen. ♦ Beispiele als Denkanstoß: ➪ Welche Aufgaben, Tätigkeiten gebe ich ab/auf? ➪ Welche Beziehungen werde ich nicht mehr weiterpflegen? ➪ Welche Einstellungen, Haltungen gebe ich auf? ➪ Welche Verpflichtungen beende ich?

Was nehme ich mir vor (lernen, wachsen, Ziele erreichen, ...)?

2.	**Was mache ich neu - für wen oder was nehme ich mir Zeit?**
	♦ Welche Ziele möchte ich im kommenden Jahr erreichen? Stellen Sie sich vor, das Jahr wäre bereits vorbei und Sie würden einfach auf ein erfolgreiches Jahr zurückblicken. Beispiel: Am 31.12. 20xx habe ich erreicht im Bereich ➪ Beruf ➪ Partnerschaft und Familie ➪ Gesundheit ➪ persönliches Wachstum ➪ berufliche Weiterentwicklung ➪ soziales Engagement und soziale Kontakte ♦ Welche neue(n) Fähigkeit(en) möchte ich mir aneignen? ♦ Gibt es noch offene, unerledigte Aufgaben aus dem Vorjahr?

Damit es nicht nur bei der Planung bleibt ...

Wer kennt sie nicht die unzähligen Silvestervorsätze, die spätestens am dritten Jänner wieder über Bord gegangen sind. Was hilft also bei der Umsetzung der Pläne, Vorsätze, Wünsche und Ziele?

Vorsätze zur Wirklichkeit werden lassen.

1. **Planen Sie schriftlich.**
   - ➪ Schriftliche Pläne wirken verbindlicher.
   - ➪ Pläne im Kopf werden sehr rasch wieder umgestoßen bzw. vergessen.

2. **Legen Sie einen Termin fest, wann das Ziel erreicht sein soll.**

3. **Nicht zu viel auf einmal oder alles ganz anders.**
   - ➪ *„Ab morgen mache ich alles ganz anders"* ist von vornherein zum Scheitern verurteilt.
   - ➪ Fassen Sie nur realistische Ziele ins Auge, sonst ist der Frust vorprogrammiert. Lieber drei kleine Ziele wirklich erreicht als zehn große nur geplant.

4. **Lesen Sie Ihren Plan öfter durch.**
   - ➪ Visualisieren Sie die Zielsituation (günstig am Abend kurz vor dem Einschlafen). Spüren Sie die Freude, die Sie beim Erreichen des Zieles empfinden werden.
   - ➪ Richten Sie sich innerlich auf das Ziel aus. Ihr Unterbewusstsein wird Sie bei der Erreichung tatkräftig unterstützen. Beispielsweise werden Sie im Alltag Dinge wahrnehmen, die Ihnen auf dem Weg zu Ihrem Ziel behilflich sein können.

5. **Teilziele und konkrete Maßnahmen.**
   - ➪ Unterteilen Sie Ihre Ziele in kleinere Portionen.
   - ➪ Welche konkreten Schritte sind notwendig?
   - ➪ Welche Fähigkeiten werden Sie benötigen?

6. **(Teil-)ziele in Monats-, Wochen- und Tagespläne übernehmen.**

7. **Starten Sie drauflos.**
   - ➪ Haben Sie sich für ein Ziel entschieden, dann starten Sie beim nächstmöglichen Termin. Beginnen Sie am besten gleich heute mit einer Aktion. Denn „irgendwann ist oft nie!"

8. **Bleiben Sie konsequent trotz Rückschlägen.**
   - ➪ Rechnen Sie damit, dass Stolpersteine und Hürden auf dem Weg liegen werden, aber lassen Sie sich davon nicht abbringen.

✔ Tipp

Liste der jährlich wiederkehrenden Tätigkeiten

Notieren Sie auf einer Liste all das, was sich jährlich wiederholt. Diese Liste gehört in Ihr Zeitplanbuch oder in die Wiedervorlage - z.B. Ablage ausmisten, Jahresplan erstellen, Lebensziele durcharbeiten, ...

❶ Was tue ich, um mir einen langgehegten Wunsch zu erfüllen? Wie gehe ich dabei genau vor?
❷ Habe ich mir schriftlich notiert, was ich in meinem Leben erreichen möchte?
❸ Gelingt es mir immer öfter, NEIN zu sagen, damit ich JA zu mir selbst sage?

Woche/ Datum	Ideen, Gedanken, Bemerkungen, ...

Woche/ Datum	**Ideen, Gedanken, Bemerkungen, ...**

Woche/ Datum	Ideen, Gedanken, Bemerkungen, ...

Woche/ Datum	**Ideen, Gedanken, Bemerkungen, ...**

Woche/ Datum	Ideen, Gedanken, Bemerkungen, ...

Woche/ Datum	**Ideen, Gedanken, Bemerkungen, ...**

Literaturverzeichnis

- BIRKENBIHL, VERA F.: „Erfolgstraining - Schaffen Sie sich ihre Wirklichkeit selbst“, Landsberg am Lech: mvg-Verlag, 1987

- BIRKENBIHL, VERA F.: „Selbst-Management - Das Birkenbihl-Erfolgs-Programm: Anti-Streß, Anti-Ärger, Mehr Selbstwertgefühl für sich und andere“, München: mvg-Verlag, 1991 - Audiokassetten

- BLANCHARD, KENNETH, ONKEN, WILLIAM, JR., BURROWS, HAL: „Der Minuten Manager und der Klammer-Affe - Wie man lernt, sich nicht zuviel aufzuhalsen“, Reinbek bei Hamburg: Rowohlt-Verlag, 1990

- BLANCHARD, KENNETH, LORBER, ROBERT: „Die Praxis des Ein-Minuten-Managers“, Landsberg am Lech: mi-Verlag, 1986

- BRIESE-NEUMANN, GISA: „10 Minuten Zeitmanagement“, Niederhausen: Falken-Verlag, 1998

- ENDE, MICHAEL: „Momo“, München: Heyne-Verlag, 1996

- GAEDEMANN, CLAUS: „Ich habe immer Zeit - Zeitökologie - Zeitnutzen - Zeit sparen - Zeit haben“, 4. Auflage, Kreuzlingen, München: Ariston-Verlag, 1997

- GROSSMANN, ALEXANDER: „Erfolg hat Methode! - Durch ganzheitliches Selbstmanagement effektiver arbeiten, seine Zukunft gestalten, glücklicher leben“, Bremen: Gabal-Verlag, 1995

- GROSSMANN, GUSTAV: „Sich selbst rationalisieren“ München: Ratio-Verlag, 1978

- HELFRECHT, MANFRED: „Planen, damit`s leichter geht - Teil 1: Sie können Ihr Leben selbst bestimmen - Teil 2: Wie Sie Ziele erreichen und Probleme lösen“ Bad Alexandersbad: HelfRecht-Verlag

- JOHNSON, SPENCER: „Eine Minute für mich“, Reinbek bei Hamburg: Rowohlt-Verlag, 1987

- KASPER PETER, PAUL: „Zärtlichkeit und Trost - Die Uhren lügen“ Herder-Verlag

- KORFF, REINEKE: „Arbeitstechnik für Vielbeschäftigte“, Sauer-Verlag

- LINNEWEH, KLAUS: „Bevor es mich zerreißt - Strategien für erfolgreiches Selbstmanagement“, 3. Auflage, München, Düsseldorf: Econ-Verlag, 1991

- MACKENZIE, ALEC R.: „Die Zeitfalle - Sinnvolle Zeiteinteilung und Zeitnutzung", 4. Auflage, Heidelberg: Sauer-Verlag, 1972

- NADOLNY, STAN: „Die Entdeckung der Langsamkeit", München: Piper-Verlag, 1983

- RAND, AYN: „Atlas wirft die Welt ab", Blanvalet-Verlag, 1989

- ROGGE, JAN UWE: „Eltern setzen Grenzen", rororo-Sachbuch

- ROGGE, JAN UWE: „Kinder brauchen Grenzen", rororo-Sachbuch

- SCHELLBACH, OSCAR: „Mein Erfolgs-System - Positive Lebensführung in Theorie und Praxis", 24. Auflage, Baden-Baden

- SCHÖMBS, WOLFGANG, KARLFRIED, HANS: „Rationelle Arbeitstechniken für Chefs - Ein 5-Punkte-Programm gegen den Streß", 4. Auflage, München: VBU-Verlag, 1980

- SEIDEL, ECKHARD: „Zeitstreß - ade!", Bad Alexandersbad: HelfRecht-Verlag, 1995

- SEIWERT, LOTHAR J.: „Mehr Zeit für das Wesentliche - So bestimmen Sie Ihren Erfolg selbst durch konsequente Zeitplanung und effektive Arbeitsmethodik", Landsberg am Lech: mi-Verlag, 1984

- SEIWERT, LOTHAR J.: „Wenn Du es eilig hast, gehe langsam - Das neue Zeitmanagement in einer beschleunigten Welt - Sieben Schritte zur Zeitsouveränität und Effektivität", 2. Auflage, Frankfurt/Main, New York: Campus-Verlag, 1998

- ZEICHEN, ALFRED: „Zeitmanagement - Mehr Zeit für das Wichtige", Schriftenreihe des Wirtschaftsförderungsinstitutes der Wirtschaftskammer, Band 209, 1991